その「一言」が
子どもの脳をダメにする

成田奈緒子・上岡勇二

SB新書
633

はじめに　子どもの脳を「ダメ」にする、親からの「言葉」

あなたは日々の家庭生活の中で、

「100点取るなんて偉いね」

「大丈夫！　あなたならできる」

「ちゃんと片づけなさい」

「遊んでないで早く宿題しなさい！」

などと、お子さんに言っていないでしょうか。

どれも、親御さんたちは「よかれと思って」言われているのだとは思います。

しかし、こうした「何気ない一言」は、子どもの脳を「ダメ」にする可能性があります。


子どもの脳をしっかりと育てるために、「言葉」を介した親子のコミュニケーションはとても重要です。

なぜかというと、脳は、何度も繰り返し入ってきた刺激を「重要なものである」と判断し、その神経回路を太く、速くする性質があるからです。つまり、否定的な言葉を多くかけられた子どもは、脳がネガティブな刺激を速く処理してしまうようになります。

ネガティブな刺激は、子どもにとって大きなストレスとなります。親から発せられたネガティブな言葉がきっかけとなり、起立性調節障害などの病や、万引などの犯罪、不登校、非行……といった大変なトラブルにつながってしまうこともあるのです。

子どもへの否定的な「言葉」とは、「本当にお前はダメだな！」「何度言ったらわかるの！」などといったわかりやすいものだけではありません。冒頭に挙げたような、「一見ポジティブで、子どものためになりそうな言葉」も、伝え方次第では、脳にとってネガティブな刺激になってしまいます。

子どもが出した成果をほめる「100点取るなんて偉いね！」は、裏を返せば「100点以外取るのはダメ」というメッセージにもなりえます。また、「大丈夫！　あなたならできる」は、失敗したとき、子どもを絶望させてしまう可能性もあります。

こうした「わが子を思うがゆえの一言」によって、かえってお子さんに悪影響が及んでいくケースを、私たちはこれまで数多く見てきました。


私たちは、「子育て科学アクシス」という、医療、心理、教育、福祉の専門家らによって構成される親の子育て支援組織を運営しています。発達障害（自閉スペクトラム症等）、不登校、引きこもりなど、子育てに悩みや不安を抱える親御さんたちが今までにのべ約7000人訪れ、問題解決にあたってきました。

私たちは、脳科学、心理学、教育学のエビデンスに基づいた独自の理論、「ペアレンティング・トレーニング」（よりよい脳育てのための生活環境づくり）を確立してきました。その理論を基にさまざまなワークショップを展開しています。

従来の脳科学の理論だけでは、子どもの脳をすこやかに育てるためには「まだ足りない」。そこで、脳科学の理論を深化させ、さらに一歩前に進めたのが「ペアレンティング・トレーニング」という考え方です。

この本は、「ペアレンティング・トレーニング」の理論を基に、「科学的に正しい、子どもの脳をよりよく育てる言葉がけ」をテーマに書いたものです。

「日頃、子どもの脳をダメにするNGの言葉がけをしてしまっている」と、少し怖くなった方もいらっしゃるかもしれません。でも、心配することはありません。発達途中である子どもの脳は、大人の何十倍も柔軟です。新たに与えられた刺激によっていくらでも変化できる、非常に高い「可塑性《かそせい》」を持っています。

親御さんが子どものために規則正しい家庭生活を維持し、毎日の言葉がけをよいものに変えれば、何歳からでも子どもの脳は育て直すことができます。私たちは、多くの子どもたちが見違えるように変わっていく姿を目にしてきました。

本書が子育てに悩む親御さんたちにとって、親子のよりよい関わりを知る一助になれば幸いです。

子育て科学アクシス　成田奈緒子・上岡勇二

その「一言」が子どもの脳をダメにする

目次

序章

子どもの脳はどのように育つのか

遺伝子の「型」が子どもの「不安の量」を決める

子どもの脳の成長を阻害し、ダメにする、親の「言葉」とはどういうものなのか。どういう「言葉」を使えば子どもの脳はすこやかに成長するのか。本題に入る前に、この章では主に、脳を育てる上で最初に知っておきたい脳の知識についてお話ししていきたいと思います。

ご存じの方もいらっしゃるかもしれませんが、人間の性格傾向を決める遺伝子は、すべて脳に存在しています。

1990年代、新型コロナウイルスの検査でも使用されているPCR（ポリメラーゼ連鎖反応）という画期的な技術が開発されました。このPCRによって、生命のさまざまな遺伝情報が書き込まれているDNA（デオキシリボ核酸）の解析が容易になり、脳に存在する遺伝子の研究が急速に進むようになりました。

その流れの中で、脳内物質の遺伝子の「型」の違いにより、性格傾向などの気質が異なってくることが発見されました。たとえば、血液にも遺伝子の「型」の違いがあります。赤血球は誰もが持っているものですが、赤血球の表面にくっついている物質の形が人によって異なるため、A型、B型、O型、AB型という4つの「型」が生じます。

これまでに、性格傾向に影響を与えるさまざまな脳内物質の遺伝子の「型」が発見されてきました。その一つが、セロトニンの働きをよくする、セロトニントランスポーターと呼ばれるタンパク質の遺伝子の「型」です。セロトニンは、「ハッピーホルモン」とも呼ばれ、イライラや不安、恐怖などを鎮め、心を安定させてくれる物質です。セロトニンが不足すると不安が強まり、その状態が長く続くとうつ病などを引き起こします。

セロトニントランスポーターには、「SS型」(少ない)、「SL型」(普通)、「LL型」(多い)という三つの遺伝子の「型」があります。「SS型」はセロトニンの働きが弱くなりがちなので不安が強く、神経質な性格傾向の子どもになりやすく、逆に「LL型」はセロトニンの働きが強くなりがちなので不安が弱く、おおらかな性格傾向の子どもになりやすいことがわかりました。

ちなみに、日本人は、セロトニンが少なめにできる「SS型」が約7割、「SL型」が約2割、「LL型」が約1割です。一方、アメリカ人は、多めにできる「LL型」を持つ人が約3割もいることがわかっています。アメリカ人に比べて、日本人に消極的な気質が多いように感じるのは、「型」の影響なのかもしれません。

「育てにくい子」ほど伸びしろがある

では、不安が強くなりやすい遺伝子の「型」を持って生まれた子どもは、必ず「強い不安」を抱えたままで生涯を過ごすのでしょうか。

答えは、「否《いな》」です。

子どもの遺伝的な性格は、その後に親などが与える環境次第でその質が変わってきます。幼児期から長いものでは10年以上にわたって、子どもの遺伝的な性格傾向とその後の環境が与える影響についての調査が行われました。その研究の成果をまとめたものが次のページにあるグラフです。

結果は、むしろ「不安が強め」など、遺伝子的な脆弱《ぜいじゃく》因子が多い子どもであれば

子どもの遺伝的な性格傾向と養育環境の関係

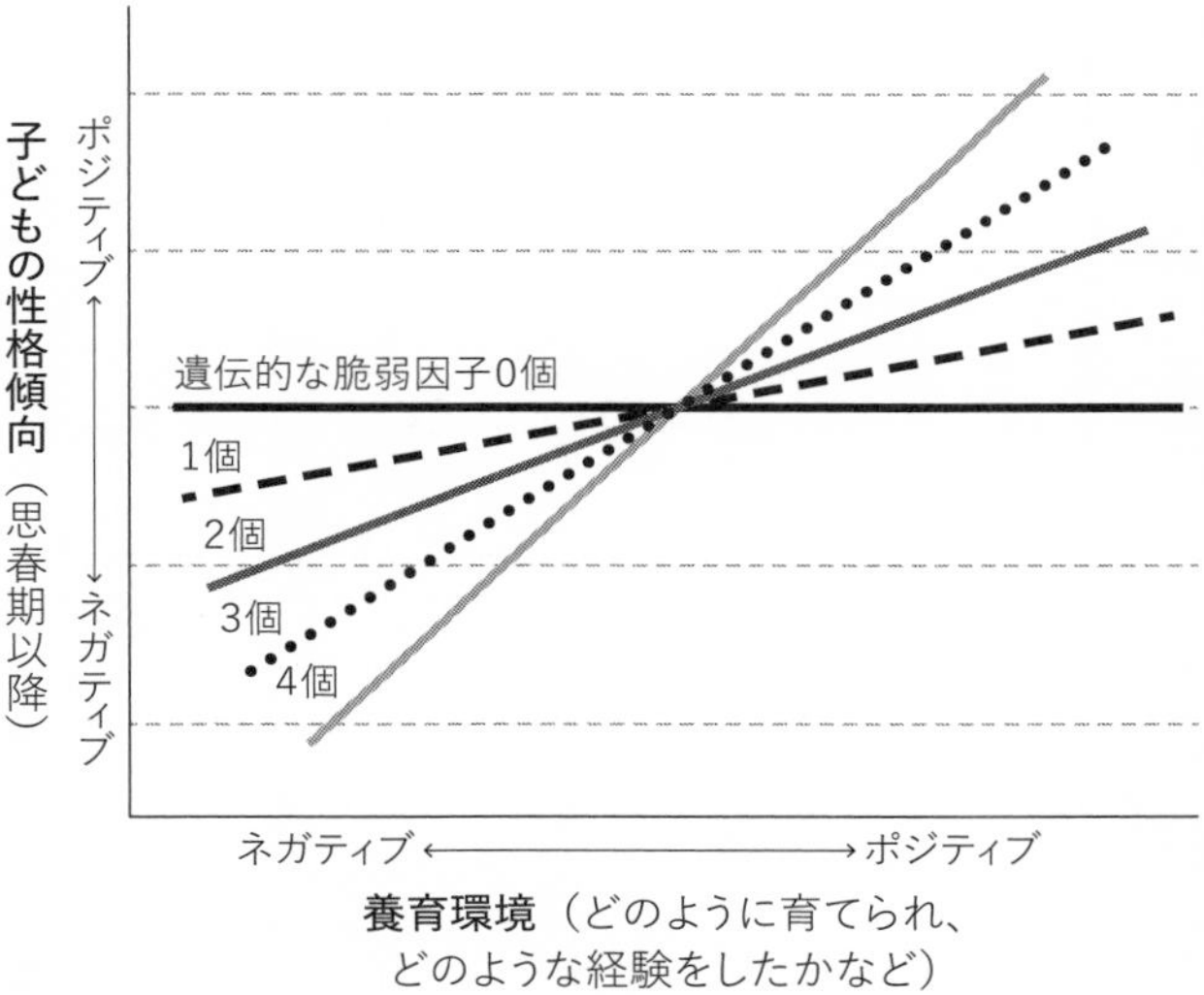

縦軸にある「子どもの性格傾向」とは、ドラッグ使用への考え方、寄付による社会貢献などの規範意識、他人に対するよい振る舞い、不安や攻撃性の客観的評価などを指しています。

出典　Masarik, AS et al,. For better and for worse: genes and parenting interact to predict future behavior in romantic relationships.J Fam Psychol. 28(3):357-67, 2014; Kochanska, G et al., Developmental interplay between children's biobehavioral risk and the parenting environment from toddler to early school age: Prediction of socialization outcomes in preadolescence. Dev Psychopathol. Aug; 27:775-90, 2015; Brody, GH et al., A differential susceptibility analysis reveals the "who and how" about adolescents' responses to preventive interventions: tests of first- and second-generation Gene × Intervention hypotheses. Dev Psychopathol. 27:37-49, 2015.

あるほど、親などから与えられる養育環境の影響を強く受けることがわかりました。すなわち、ネガティブな環境で育てられたときには遺伝的に推測される性格傾向がより強く発揮され、逆にポジティブな環境で育てられたときには遺伝から推測されるものを打ち消し、より社会に適応しやすい性格傾向に育つということです。一方、測定される脆弱因子が見つからなかった子どもは、環境からの影響はあまり見られませんでした。

これは、たとえ遺伝子的に脆弱な性格傾向を持って生まれたとしても、ポジティブな養育環境を与えさえすれば、それを凌駕《りょうが》する社会適応性格が形成されうることを表しています。つまり、子どもの将来をポジティブに形づくれるかどうかは、親の育て方次第だということです。

しかも、遺伝的に脆弱な子どもであればあるほど、環境次第で、大きく、ポジティブに変わることができます。これは、「育てにくい」と感じる子どもであればあるほど、将来の「伸びしろ」が大きいということ。たとえ、今どんなにネガティブな状況であっても、これからの育て方次第で、子どもはいくらでも変わることができるのです。

「神童」が不登校になるわけ

私たちが運営している、ワークショップを中心にした子育て支援事業「子育て科学アクシス」には、不登校、ASD（自閉スペクトラム症）やADHD（注意欠如・多動症）などのいわゆる発達障害……さまざまなお子さんの悩みを抱える親御さんたちが訪れます。

そんな中には、小学校に上がるまでは「神童」と呼ばれていたような優秀なお子さんが不登校になってしまうケースも少なくありません。

神童が不登校になる原因の多くは、脳育ての順番を間違えたことにあります。脳育てには、親の都合で勝手に変えたりすることのできない「正しい順番」があります。この順番を間違えると、脳がバランスを欠くことになり、不登校や、さまざまな不調から朝起きられなくなる、起立性調節障害などを引き起こしてしまうのです。

本来的に、子どもの脳は、生まれてから3つのステップを経て、大人の脳へと育っていきます。

ステップ1（0歳〜5歳くらいまでの間に育つ）

からだの脳（間脳・脳幹）

最初に育てられなければならないのが「からだの脳」です。主に大脳辺縁系、視床、視床下部などの間脳と、中脳、橋《きょう》、延髄などの脳幹を指します。この脳は、呼吸や自律神経、寝る、食べるなど、生きるために必要不可欠な機能をつかさどっています。

「からだの脳」を育てるためには、太陽のリズムに従って規則正しく生活し、十分に睡眠を取ることが最も重要です。0歳から5歳くらいまでの間に育っていきます。

ステップ2（6歳〜14歳を中核に大きく育つ）

おりこうさんの脳（大脳新皮質）

次に育てられるべきなのが、「おりこうさんの脳」。主に大脳新皮質を指します。この脳は、言語機能、手足の随意的な細かい動きなどをつかさどっています。

「おりこうさんの脳」を育てるためには、学校での学習や運動はもちろんのこと、そのほかさまざまな経験をして、脳にたくさんの知識・情報を入れていくことが大切。

1歳頃から育ち、主に6歳から14歳くらいまでを中核として、18歳くらいまでに最も大きく育ちます。

ステップ3 (10歳～18歳に最も盛んに育つ)

こころの脳 (前頭葉と間脳・脳幹をつなぐ神経回路)

そして最後に育つのが、「こころの脳」です。「おりこうさんの脳」と呼んでいる大脳新皮質の一部である前頭葉と「からだの脳」をつなぐ神経回路のことを指します。

この脳は、論理的思考、問題解決能力、想像力や集中力など、最も高度な脳の機能をつかさどっています。

前頭葉は、「おりこうさんの脳」にある情報の中から不要なものを刈り込んで、必要なものを速く処理できるようにするための太い神経回路を築いていきます。つま

脳の発達には3つのステップがある

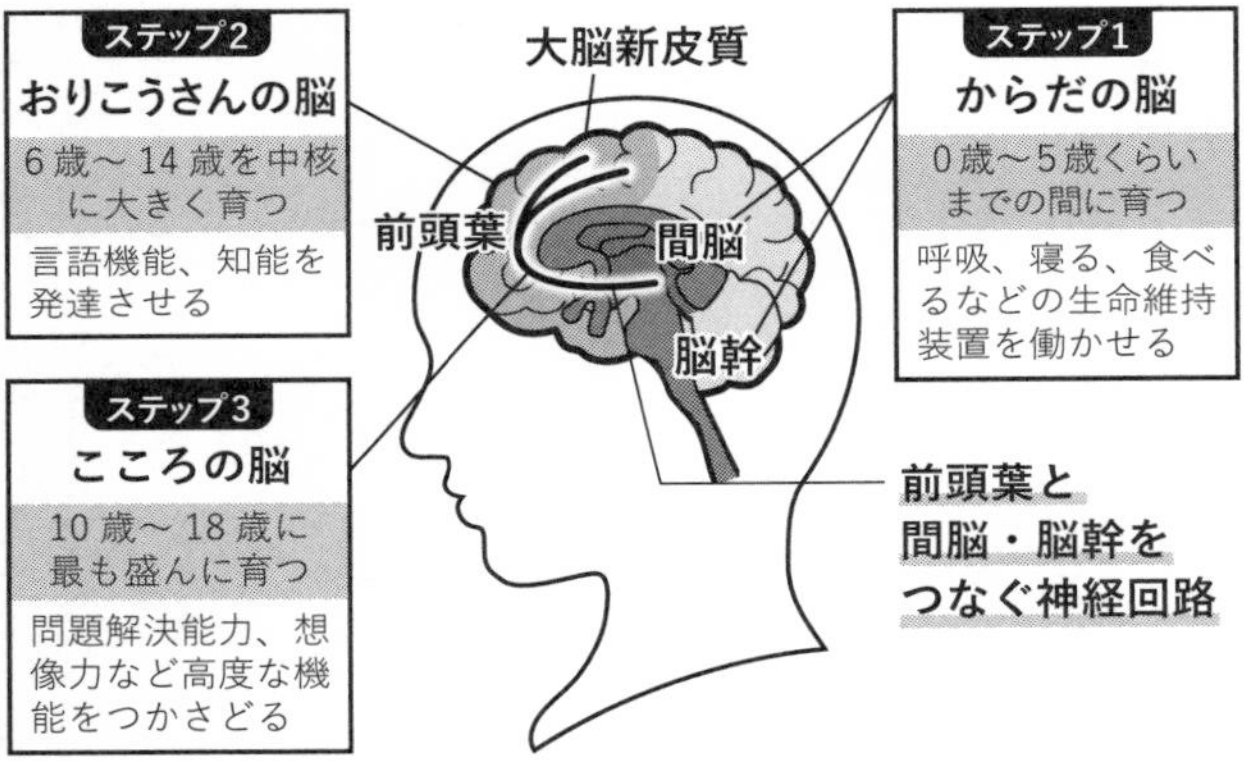

り、「おりこうさんの脳」に、質のいい刺激を多く与え続けることが「こころの脳」育てに役立ちます。10歳を過ぎた頃から、「からだの脳」と前頭葉の神経回路がつながり、18歳くらいまでの年齢で最も盛んに育ちます。

まずは脳の「土台」を作る

先にもお話ししましたが、脳を育てる順番は守られるべきものです。まるで1軒の家を建てるように、1階に「からだの脳」を作り、次に2階の「おりこうさんの脳」を作っていきます。最後に、1階と2階をつなげる階段となる「こころの脳」を作れば完成です。

先の「神童」が不登校になってしまった理由は、「からだの脳」ができ上がる前に、「おりこうさんの脳」を作ろうとしたことにあります。まだ1階部分が完成していないのに、先に2階を作ろうとして、2階の重荷に耐えられず、家が崩れてしまったのです。

幼い頃から、英会話、ピアノ、ダンスなどを習わせる親御さんがとても増えています。幼い子どもは何でも吸収する力があるので、親が手をかければかけた分だけ「才能のある子ども」になるでしょう。しかし、「脳育て」の観点からいうと、むしろ真逆になってしまっている場合が非常に多いのです。

まずは何より、「からだの脳」をしっかりと作ること。そのためには、毎日規則正しく生活して、十分に睡眠を取ることが最も重要です。

この本は、親が発する「言葉」が子どもの脳の発達にどのような影響を与えるかがメインテーマです。確かに、「言葉」は、すこやかな脳を育てるために非常に重要なものですが、それはあくまで「からだの脳」という土台がしっかり作られていることが前提での話です。その点だけは、絶対に忘れないでください。

規則正しい生活で育つ「からだの脳」

脳育ての最初のステップである「からだの脳」は、規則正しい生活と睡眠により育てられます。しかし、世界的に見て、日本人の睡眠時間は圧倒的に不足しているのが現状です。

17歳から30歳までを対象とした比較では、日本人の平均睡眠時間は、6時間12分（男性）、6時間9分（女性）で24カ国中最短でした（Arch Intern Med. 2006;166:1689-1692）。

もちろん、子どもたちも例外ではありません。日本の小学生の平均睡眠時間は、低学年（1、2年生）の平均は9時間9分、中学年（3、4年生）の平均は8時間51分、高学年（5、6年生）の平均は8時間24分と、学年が上がるにしたがって加速度的に短くなっています（「日本の子どもにおける睡眠習慣／睡眠障害と感情／行動の問題との関連性」Sci Rep11、11438〈2021〉竹島正人、太田洋、細谷哲ほか）。

子どもの健全な発育に必要な標準睡眠時間

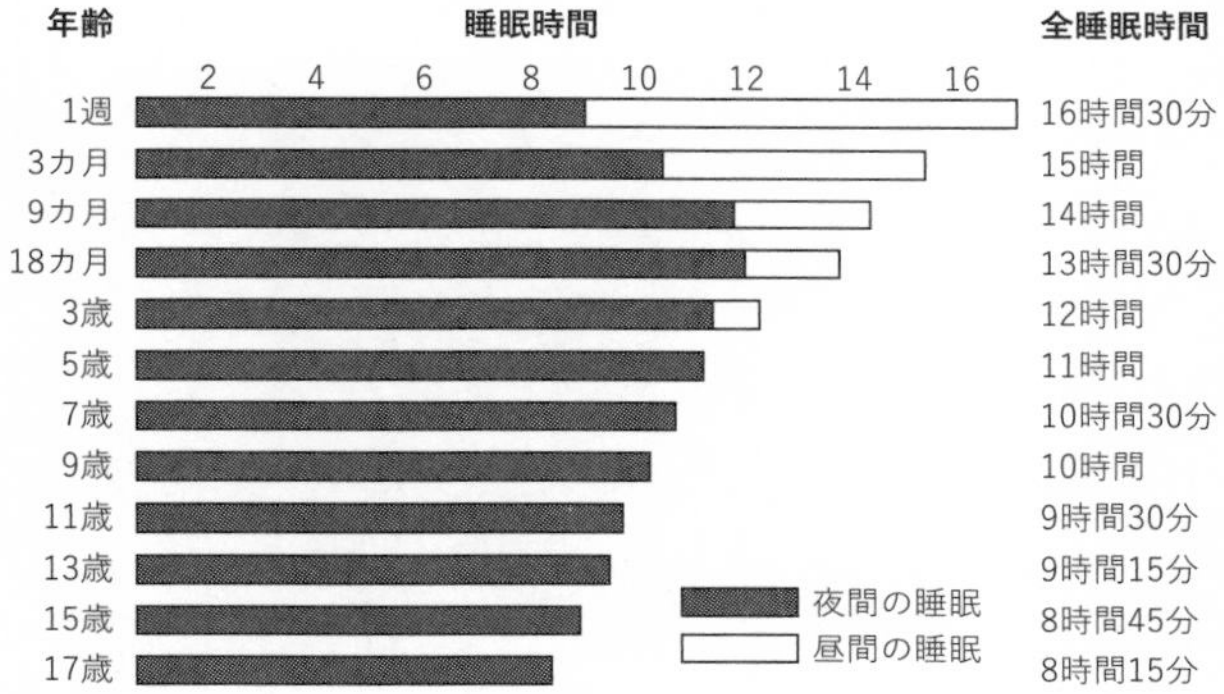

出典　Nelson;Textbook of Pediatrics,19th ed. より作成

上のグラフは、子どもの健全な発育に必要な睡眠時間を研究したデータです。小学生（6歳〜12歳）に必要な夜間の睡眠時間は約10時間、中学生（13歳〜15歳）では約9時間となっています。日本人の小学生の平均睡眠時間が8時間台だということを考えると、全く足りていない状況です。

人間は夜行性ではなく、「昼行性」の動物です。太陽が昇る時刻に起き、太陽が沈む時刻に活動を終えて眠りにつくのが、生理的に最も適した生活リズムとなっています。

朝5時から7時の間に太陽の光を浴びると、脳内に「ハッピーホルモン」であるセロトニンが盛んに分泌されます。セロトニンが不安を取り除き、明るく前向きな気持ちにさせてくれます。さらに、朝しっかり目覚めた脳には「元気ホルモン」と呼ばれるコルチゾールも多く分泌されます。コルチゾールは代謝を促進し、免疫力を高める働きをしてくれます。

太陽の光をしっかりと浴びて日中活動すると、15時を過ぎた頃から脳内でメラトニンが多く分泌されるようになります。メラトニンは体温を下げ、筋肉の緊張を緩めるのが役割です。太陽のリズムに従って生活をすれば、本来、私たちのからだは自然に夜眠くなるようにできているのです。

睡眠時間が少ないということは、太陽のリズムに逆らって生活しているということ。特に小学生のうちは、10時間は無理でも、最低限9時間の睡眠は確保するようにしてください。「夜の時間」が睡眠時間ですので、私たちは、就寝時刻は21時まで、起床時刻は6時まで、を推奨しています。

必要な睡眠を確保すれば、脳は必ず育つのです。

「朝ごはんを食べたくない」は脳からの危険信号

脳育ての一番はじめのステップである「からだの脳」は、太陽のリズムに沿って規則正しく生活し、しっかりと睡眠を取ることで育っていきます。

本来的には、「からだの脳」は0歳から5歳くらいまでに育ちます。しかし、私たちの「子育て科学アクシス」には、「からだの脳」がまだ十分に育っていない子どもの親御さんが多数来られます。幼児を持つ親御さんはもちろん、中には、高校生以上の成人している子どもを持つ親御さんまでいます。

ご相談の多くは、子どもの不登校や行動・情緒の問題についてです。

そういったご家庭にまず実践してもらうのが、子どもの「生活の軸」を整えること。決まった時刻に寝て、決まった時刻に起きることで必要な睡眠時間をたっぷり取る。たったそれだけで、子どもたちの様子は見違えるように変わっていきます。

あなたのお子さんは、朝起きられなくてベッドでグズグズしたり、「朝ごはんを食べたくない」などと言ったりしていませんか。これは、脳育ての観点から見ると危険信号です。睡眠不足により、自律神経が十分に機能しなくなってきている可能性があります。

自律神経は、睡眠中やリラックスしたときに主に働く「副交感神経」と、起きているときや緊張したときに主に働く「交感神経」からなっています。朝起きても眠いのは、本来働くべき交感神経が働かず、副交感神経が優位に働いてしまっているから。さらに、睡眠中には副交感神経が活発に働いて食べ物の消化を促すのですが、睡眠不足だとその働きが弱くなり、朝に食欲が湧かなくなってしまうのです。

もしお子さんが睡眠不足ならば、「生活の軸」を整えましょう。まずは、朝早起きをするところから始めることをおすすめします。これがよりよい脳を育てていくための大前提です。

朝起きたらカーテンを開ける。目から太陽の光を入れて、視覚に刺激を与えることで脳が目覚めます。朝風呂に入るのも、体温を上げて目覚めをよくする効果があります。余裕がある日は、5分でもいいので朝散歩をするとさらに脳が活性化されます。早起きして日中活動をすれば、理論的には夜になれば自然に眠くなります。

夜は、最低でも就寝の1時間前からは、テレビやスマホなどを見ないことが大切です。画面から発せられるブルーライトが目に入ると、脳内に分泌されるメラトニンの量が減って脳が眠気を感じられなくなってしまいます。

入浴も、就寝の1時間以上前には済ませましょう。熱いお湯につかると体温が上がって交感神経が刺激され、寝つきが悪くなりやすいからです。時間に余裕がなければシャワーで済ませるか、朝、お風呂に入ることにしましょう。

「何気ない一言」で脳の育ちは決まる

今まで見てきたように、子どもたちの脳は、親の与える生活環境によって良い方向にも悪い方向にも育ちます。私たちは、親が子どものために行う、よりよい脳育てのための生活環境づくりを「ペアレンティング・トレーニング」と名づけて、「子育て科学アクシス」でワークショップを展開しています。

「ペアレンティング・トレーニング」の重要なポイントは全部で六つあります。

ポイント1

ブレない生活習慣を確立する

子どもの多くは0歳から18歳くらいまで親と生活を共にします。つまり、親が与える生活が、そのまま子どもの生活環境となります。だからこそ、ブレない生活習慣を確立することが大切なのです。決まった時刻に目を覚まし、しっかり朝ごはんを食べて学校に行く。夜は決められた時刻に寝る。毎日規則正しい生活を送ることで、脳育ての最初のステップである「からだの脳」がしっかりと育ちます。

ポイント2

調和が取れたスムーズなコミュニケーションを図る

「おりこうさんの脳」をよりよく育てるために、家庭の中で「どのような会話をするか」はとても重要です。親は一方的に言葉を発するのではなく、互いに理解を深め合っていける、調和の取れたコミュニケーションを行う必要があります。親は子どもに対して、「注意するときは理由を説明する」「あいまいな言葉は使わない」「子どもの気持ちを受け止めて傾聴する」などの心配りをすることが求められます。

ポイント3

親子がお互いを尊重して協力し合う体制をつくる

子どもは何もできない状態で生まれてきます。それが少しずつ成長し、だんだん自分自身でできることが増えていきます。生まれたばかりのときは「心配100／信頼0」であった子どもに少しずつできることを任せていって、18歳で「心配0／信頼100」となるように育てていきましょう。そのためには、「失敗覚悟で任せてみる」「食事の準備など、家庭生活に必要なことをお手伝いではなく、役割として任せていく」ことなどが必要です。

ポイント4

怒りやストレスの適切な対処法を共有する

ストレスは必ずしも悪いものではありません。ストレスがかかると、コルチゾールというホルモンが分泌され、やる気や集中力を格段に上げることができます。しかし、ストレスが長期化するとコルチゾールが枯渇して、心身が疲れ果ててしまうのです。

また、長丁場である子育ては、時に親にとってストレスにもなります。親は趣味など、ストレスを和らげる方法を多く持ち、それを子どもにも共有するようにしましょう。加えて、子どもは自分のストレスに気づきにくいので、いつもと様子が違わないか、毎日注意深く観察することも大切です。

ポイント5

親子が楽しめるポジティブな家庭の雰囲気をつくる

何かが起こった際に、それをどう捉えるかは人によって異なります。その考え方の

「癖」は脳が育つ過程で培われていき、「認知」と呼ばれています。物事をネガティブに捉えやすい「認知」だと、インフルエンザワクチンの免疫がつきにくかったり、皮膚疾患が悪化しやすくなったりするという研究データもあります。家庭では、物事をいつもポジティブに捉えられるような雰囲気をつくることが大切です。「常に前向きな言い方で伝える」「まずは親が笑顔でいることを心がける」「子どものよいところを見つけて言葉をかける」ことを実践しましょう。

ポイント6　親はブレない軸を持つ

多くの親は子どもが小学校に入学すると、成績というモノサシを持ち始めます。しかし、親は家庭生活での「軸」しか持たないことが大切です。

学校や塾での評価は、先生が変わるだけで変化するかもしれない不確実なもの。それに、すでに子どもは十分に家庭外での評価にさらされて生きています。子どもが生まれたばかりの頃は、健康に育ってくれるだけでいいと願っていたはずです。その頃に立ち返り、家庭での「軸」は、「死なない、死なせない」など、本当に大切なことを2本〜3本だけ持つようにしましょう。

まずは、ポイント1によって、「からだの脳」をしっかりと育てる環境を確立させます。

次に、ポイント2〜6はすべて、親が子どもにどのような「言葉」をかけるのかが重要になってきます。なぜかというと、人間のほとんどのコミュニケーションは、言葉を介さないと成立しないからです。「目は口ほどに物を言う」ということわざがありますが、現実的には、超能力者でもない限り、言葉を使わず相手に気持ちを伝えることは難しいでしょう。

親が子どもにかける「言葉」は、それが良いことであれ、悪いことであれ、そのすべてが「おりこうさんの脳」に知識として蓄積されていきます。

脳育ては赤ちゃんの頃から始まっている

では、何歳頃から、言葉による脳育てを始めればよいのでしょう。

前頭葉の神経回路がつながり始めるのは10歳を過ぎた頃からですが、それまでに、できるだけ多くの言葉による刺激を脳に与えてあげることが肝心です。

実は、赤ちゃんの頃から、すでに言葉による脳の育ちは始まっています。赤ちゃんは言葉の意味はわかりませんが、「あー」や「うー」などの「喃語《なんご》」で、言葉を話すための練習をしています。実際に声を出してみることで、脳にインプットした言葉を試しているのです。

また、赤ちゃんは目が見えるようになると、自分に話しかけている大人の口元をよく見ることがわかっています。

コロナ禍で、口元がマスクで隠されていたため、乳幼児たちの発語や社会スキルの発達が遅れたという事実が報告されています（Byrne S, et al. Arch Dis Child 2022;0:1–5. doi:10.1136/archdischild-2021-323441 1）。マスクを外すようになって発語の遅れは取り戻されつつありますが、これは、赤ちゃんの頃からの言葉がけが重要だということを示しています。

赤ちゃんのそばで、会話をせずにずっとスマホを見ている親御さんをよく見かけます。「赤ちゃんに話しかけてもどうせわからない」と思うのは、とてももったいないことです。たとえ意味がわからなくても、お母さんが穏やかな笑顔で言葉を伝えると、子どもの脳は刺激されます。

お母さんが話す言葉は、赤ちゃんの「おりこうさんの脳」にどんどんインプットされていきます。ですので、話すときには「ワンワン」「そうでちゅね〜」などの幼児語ではなく、最初から、大人が使っている正しい言葉を脳に入れてあげることをおすすめします。欧米の子育てでは、はじめから大人と同じ言葉遣いで話しかける場面がより多い気がします。幼児語を使うのは日本人の特徴なのかもしれません。

何歳からでも脳は育て直せる

親から子どもに伝える「言葉」は、前頭葉の育ちを大きく左右します。

その理由は、前頭葉と「からだの脳」をつなげる神経回路（「こころの脳」）の作られ方にあります。前頭葉は、「からだの脳」との神経回路をつなげる際、「おりこうさんの脳」に蓄積されているシナプス（神経細胞同士をつなげる物質）に対して、必要なものだけにする「刈り込み」という作業を行います。刈り込みの目的は、何度も繰り返し入ってきている刺激を重要なものだと判断し、その神経回路を太く、速くすることにあります。

親から子どもにかける「言葉」が重要なのは、「何度も繰り返し入ってきている刺激を重要なものだと判断する」という点です。親からもし「お前はなんてダメな人間なんだ」という言葉ばかりを投げかけられていたら、「ダメな人間だ」という神経回路が強化されてしまうからです。

私たちは、親からのネガティブな言葉がけが原因で、不登校や起立性調節障害、万引、親にキレるなどのトラブルを引き起こしてしまう子どもたちを数多く見てきました。否定的な言葉はネガティブな脳を育て、肯定的な言葉はポジティブな脳を育ててくれます。

次章から、子どもへの言葉がけの悪い例、良い例を挙げていきます。

もし悪い例の中に、自分がよく言いがちな言葉があったとしても、心配しなくて大丈夫です。子どもの脳はとても柔軟で、非常に高い「可塑性」を持っているからです。

脳は、休眠細胞をたくさん持っています。たとえば、脳出血が起こって言語能力をつかさどる部分に損傷を受けると、それまで眠っていた細胞が「自分たちの出番だ！」とばかりに目覚め、失われた機能を代わりに担うように変化します。海外赴任で急に別の言語を使う環境に置かれたときなども、休眠細胞が目覚め、新たな言語回路を作ろうとします。

発達途中である子どもの脳は、大人の何十倍も柔軟です。たとえ、今までどんなにネガティブな環境で育ってきたとしても、家庭での生活環境を変えることさえできれば、何歳からでも子どもの脳は育て直すことができます。

私たちはそう強く信じています。

第1章

子どもの「自律」を奪う言葉

Case 01

×

「100点取るなんて偉いね！
本当にうれしいよ」

○

「成長したねえ！」

Episode

100点を取らないとダメ？

チカ（小4）

進学塾に通い始めたチカ。勉強を一生懸命頑張って、学校の国語のテストで100点を取りました。「100点取るなんて偉いね！　本当にうれしいよ」と両親は大喜び。その日の晩は、母親がチカの大好物のハンバーグを作ってくれました。

ところが数日後、算数のテストで70点を取ってしまいます。帰り道、誰もいない公園に立ち寄るチカ。そこには、ごみ箱に答案を破り捨てている姿がありました。

それから1年後、チカは不登校になってしまいました。

ほめ言葉は子どもを縛る言葉

本章からは、親から子どもへの「何気ない」言葉が原因で、子どもがトラブルを抱えてしまうケースを紹介していきます。

事例は個人情報にも関わるため、一部フィクションを交えていますが、どれも私たちが日常的に接することの多いトラブルばかりです。

では、早速見ていきましょう。

チカのケースのように、「こんな成績取れるなんてすごいね！」「いい子にしてくれて本当にうれしいわ」などのほめる行為を、多くの親御さんたちは「よかれ」と思ってやっているのではないでしょうか。

しかし、こういった「ほめ言葉」は、「足かせ」にもなりうるものです。

私たちは基本的に、親が子どもをほめるということを推奨していません。なぜなら、ほめることは、「これだと良い」「これだと悪い」と、評価の基準を作ってしまうからです。
「100点取るなんて偉いね！」と喜ぶ親は、ともすれば、「99点では許してもらえない」と自分を追い詰めてしまう子どもを生み出します。「100点を取って偉いね！」というメッセージは、同時に、「でも99点ならダメ！」というメッセージにもなりうるからです。

不安が強めの性格傾向を持つ子どもが、このような言葉を受け取ると、親に喜んでもらおうと一生懸命勉強をします。100点が取れたときはいいのですが、取れなかったときに「次回は100点が取れるように頑張りなさい」と言われたり、親が残念そうな表情をしていたりするのを見ているうちに、「100点を取れない自分はダメ」という考えに囚われるようになります。これは不安の表れです。

まずは、チカのように、答案をこっそり捨ててしまう、といったような小さな歪みから始まります。そのうち、生活面すべてにおいて「自分はダメ」と考えるようになると、心身に歪みが生じ、朝起きても体が動かず、学校に行けない状況になることもあります。

親が「よかれ」と思って言ってしまいがちな言葉は、何も学校の成績に限った話ではありません。たとえば、「何でも食べてくれてお母さんうれしいわ」という言葉は、同時に「食べなかったら、お母さんはあなたのこと嫌いになるからね」というメッセージとして子どもに伝わる可能性もあります。

たとえば、「運動がこんなにできるんだから、将来はオリンピック選手だね！」というメッセージも、子どもに対して必要以上にプレッシャーをかけてしまいかねない言葉です。トップが取れなかったときに心身が不安定な状態になり、不登校になってしまったケースもあります。

脳の神経回路「こころの脳」

ところで、子どもの脳では、10歳を過ぎた頃からだんだんと、「からだの脳」（間脳・脳幹）と前頭葉をつなげる神経回路が構築されていきます。この神経回路が「こころの脳」です。

「からだの脳」は、人間が生きていくために必要な原始的な欲求や感情をつかさどる生命維持装置です。しかし、社会の中で他者とうまく生きていくためには、「からだの脳」から発せられる喜怒哀楽を、いつでも思いのままに表出させるわけにはいきません。そこで、「からだの脳」と前頭葉を神経回路でつなげることによって、自分が置かれている状況や他者との関係性を考慮に入れて、論理的な判断ができるようになっていくのです。

チカのケースの場合、この前頭葉と「からだの脳」との神経回路が構築されていないと考えられます。

前頭葉は、「おりこうさんの脳」（大脳新皮質）に何度も繰り返し入ってきた刺激、すなわちこれまでの経験や知識・記憶を基に、自分独自の考え方で判断できる脳です。しかし、チカの「おりこうさんの脳」には、「失敗しても大丈夫だ」という経験・記憶が全く入っていませんでした。「100点を取ればほめてもらえる」という記憶しかないので、前頭葉はそれ以外のオプションに対して判断することができません。そのことが脳の構築を壊し、心身症状、ひいては不登校につながってしまったのです。

「ほめる」のではなく「認める」

このように、親が学校や塾での成績をほめてしまうことは、子どもの脳の正しい発達を阻害する要因になりかねません。しかし、多くの親は、子どもが小学校に入学した途端に成績を気にし始めます。生まれたときには、「健康に育ってくれればそれで十分」と思っていたはずなのに、成績という評価で、自分の子どもの立ち位置を相対的に判断し始めるのです。

しかし、親は、学校や塾での成績を測るモノサシを持つべきではありません。学校や塾での評価は絶対的なものではなく、環境によって変化しやすいもの。そして、親が口を出さなくても、子どもは学校で成績という評価にすでに十分にさらされています。

学校や塾のように、点数などの数値で「評価」するのではなく、日々の生活の中で子どもの成長を発見して「認める」のが親の役目です。

私たちは「ペアレンティング・トレーニング」で、「親はブレない軸を持つ」ということを重要な考えとしています。

親は学校の評価には一切関わらず、家庭生活で必要な「軸」のみを持って、子育てをしていく。「軸」は、子どもが生きていく上で本当に必要なこと、たとえば、「死なない、死なせない」などを2本〜3本だけ。子どもがその「軸」から外れそうになったときのみ、全力で叱るべきだと考えています。

親に評価されず自由にさせてもらえれば、子どもはいつしか、ほかと比較して「もっといい点を取りたい」と努力したり、もしくは「まあ、点数が低くてもみんなと仲よくできていればいいや」とより友達と仲よくしたり、いずれにせよ、「自分なりに考えて行動」し始めます。

子どもが成長している様子を発見したら、それを言葉で認めてあげましょう。そうやって「成長する子ども」を「認める」ことこそが、子どもの「こころの脳」を育てます。生活が子どもの脳を育てる、というのはこういうことです。

親は家庭生活における「軸」を持つ。これは脳育てにおいて一番大切なことなので、これからも何度も繰り返し述べていきたいと思っています。

自信を持つだけで人は成長できる

スタンフォード大学のキャロル・S・ドゥエック教授が提唱した「グロース・マインドセット（growth mindset）」という理論があります。（『マインドセット「やればできる！」の研究』〔キャロル・S・ドゥエック著、今西康子訳／草思社〕）

これは、人間は生まれつきの能力などではなく、誰もが努力や経験を経ることで成長することができるという考え方です。つまり、自分はまだ成長の途中にあるので、これからもっと伸びていくことができる、と自分自身を信じることができれば、誰もが必ず成長できるという考え方だといえます。

親は子どもに、グロース・マインドセットの考え方を持って接してほしいと思います。成績などの結果を評価するのではなくて、今の存在そのものを認めてあげる。「たとえ今失敗したとしても、あなたはまだ成長の途中にあるんだから大丈夫」と認めてあげるだけで、子どもから不安が取り除かれ、脳はよりよい方向に育っていくのです（Yeager, D.S.et.al, Nature, Vol 607, 21 July 2022）。

日々の家庭生活の中で、親は子どもを注意深く観察し、昨日より少しでも成長していることを見つけ、それを言葉にしてあげましょう。

たとえば、玄関でいつも靴を脱ぎ散らかしていた子どもがある日、靴をきちんと揃えていたとします。そんなときはすかさず、「幼稚園の頃は脱ぎっぱなしだったのに、小学生になったら言われなくてもできるようになったね」と、できなかったことができるようになったこと、成長したことを認めてあげましょう。

子育ては、「信頼0％」を「信頼100％」にして送り出すこと

「認める」ということは、言い方を変えると、子どもを「信じる」ということです。

子育てとは、「心配100％／信頼0％」の子どもを、日々の家庭生活の中でコミュニケーションを取りながら成長させ、「心配0％／信頼100％」の状態にして社会に送り出すことです。

子どもは最初、何もできない状態で生まれてきます。親は子どもに対し、常に必死に目を配りながら成長の姿を認め、あるときには、たとえ心配であっても信じて任

せ、少しずつ「信頼」の割合を増やしていくしかありません。

子どもを信じて任せると、ときには失敗してしまうこともあるでしょう。しかし、事前に失敗することが予見できていたとしても、それが命に関わるものでない限りは、親は信頼して見守ることが必要です。

失敗こそが、「おりこうさんの脳」に知識と経験を植えつけます。むしろ、失敗は脳育てのチャンスです。次にどうすれば失敗しないかを自身の力で考え、それを正しい論理として身につけていくということが、子どもの脳をよりよく育てていくのです。

私たちの運営する「子育て科学アクシス」では、「全力で子どもを信頼すること」こそが子育ての最終目標である、と親御さんたちに常にお伝えしています。

「テストの点数」は見ない

では、子どもがテストで100点を取ったとき、どのような言葉をかければいいのでしょうか。

「子育て科学アクシス」では、親御さんたちに、「喜んでいる子どもに共感することには賛成ですが、点数を評価することは絶対にやめてください」と伝えています。加えて、ついほめてしまう要因になるので、「テスト結果は見ないでください」とまで言っています。

親が点数の評価をしなくても、子どもはすでに学校で先生などからほめられているはずです。そして、「テストで100点を取ったこと」はあくまで、学校という「家庭の外の生活」においての話であり、親がタッチすべきことではありません。親が問題にすべきことは、「家庭の中で子どもがどのように生活しているか」だけです。

もし、子ども自身が100点の答案を喜んで自分から見せに来たら、「うれしかったね」と共感したり、「幼稚園の頃には字も読めなかったのに、テストの問題を読んでその答えを書くことができて、さらに100点取れるとは成長したねえ！」と言って認めたりするのはOKです。

しかし、テストの点数よりも親に「認めて」ほしいのは、家庭での「役割」を全うする子どもです。

たとえば、試験期間であっても勉強を切り上げて、役割である朝ごはんを確実に作る子どもに、親は毎朝「ありがとう」と感謝する。ときには、「勉強忙しいんだったら、今朝はごはん、お母さんが作ろうか？」と言って、子どもが「ほんと？　ごめんね。ありがとう、助かった！」と親に感謝する。家庭生活の中で、日々そのような会話を交わしていく方が、脳育てには圧倒的に重要です。

親から認められている子どもは、テストの点数に一喜一憂しません。もし悪い点数を取ったとしても、自然に「私は成長の過程にいるんだから大丈夫」と思うことができます。

「親に信頼されている」という安心感が子どもの脳をよりよく育てます。信頼されることで、なぜ勉強をしなければならないのか、だんだんと自分で判断できるようになっていきます。成績のことをとやかく心配しなくても、認めてさえいれば、自分で必要性を判断して、自主的に勉強をするようになっていくでしょう。

家庭は最小単位の「社会」

子どもが家庭での「役割」を果たし、親がそれを「認める」という行為はとても重要です。

私たちは、「ペアレンティング・トレーニング」で、家庭生活の中で「親子がお互いを尊重して協力し合う体制をつくる」という考え方を、むしろ学校生活よりも重要なものとして位置づけています。

なぜなら、家庭とは、子どもが生まれてから大人として成長するまでの18年間、最も継続して子どもの脳に刺激を与え続けることができる、最小単位の「社会」だからです。子どもが将来、社会で生活していくためには、まずは、この最小単位の社会の中で、しっかりと生活できるようになることが重要です。

家庭という社会で、家族全員が平等な立場であるということを認識する。その上で、子ども自身が家庭生活の中での役割をしっかり認識し、それを自主的に提供できるようになる。それが一番の脳育てとなります。

子育ては「心配100／信頼0」から「心配0／信頼100」への道のり

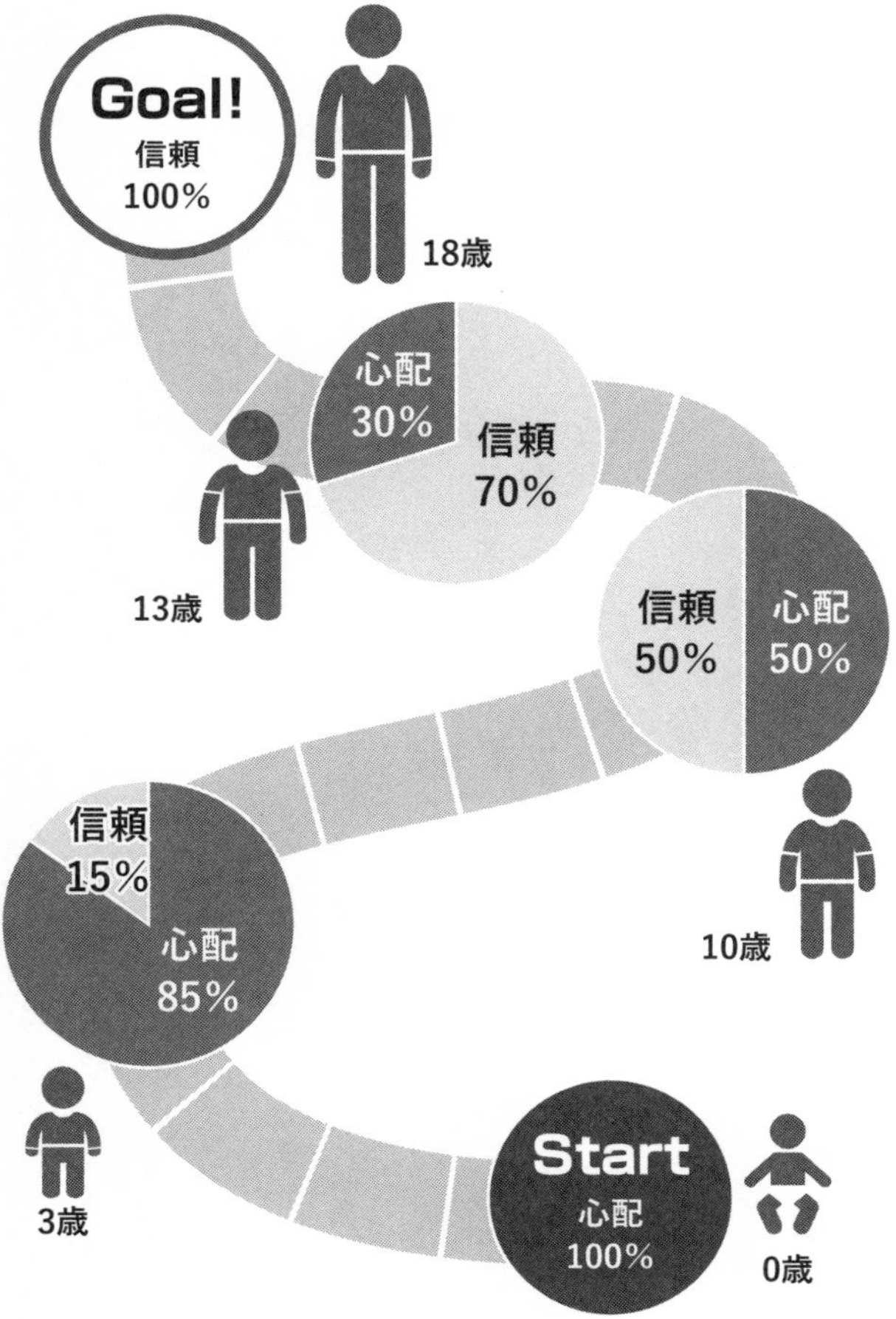

親は、家庭生活の中で、子どもが「社会という仕組み」の理解を深めていくために何が必要かを常に考え、言葉によるコミュニケーションや経験の場を提供し続けてほしいと思います。どれだけ多くの刺激を子どもの脳に与えることができるか。それが社会の大先輩である、親の知恵の見せどころではないでしょうか。

Case 02

×

「ちゃんと片づけなさい！」

○

「元の場所に戻そうね。そうすると次に読むときに見つけやすいよ」

Episode

どう片づければいいの？

コウタ（小5）

いつも部屋を散らかし放題のコウタ。机の上は何が置かれているのかわからない状態、漫画を読んだら床に置きっぱなし……。「ちゃんと片づけなさい！」と叱るのが母親の日課になっています。叱られると少しは片づけるのですが、母親の考える整理整頓にはほど遠い状態です。

そんなある日、いつものように、片づけをしないコウタを叱ると――。

「うっせえなあ、クソババア！」

コウタは、勢いよく本を壁に投げつけ、壁に穴を開けてしまいました。

母親は驚きのあまりその場に立ち尽くしています。

「あいまい言葉」は脳の成長を阻害する

「ちゃんと宿題をやりなさい！」
「ちゃんとした格好をしなさい！」
「ちゃんと挨拶をしなさい！」

子どもに注意をするとき、「ちゃんと」という言葉を使っている親御さんがとても多いように感じます。「ちゃんと」「きちんと」「しっかり」などは、そのときの状況によって定義の変わる「あいまい言葉」です。この言葉を使うことによって、子どもの脳は不安になり、混乱し、脳の成長が阻害されてしまいます。

「ちゃんと」などの「あいまい言葉」が判断できるようになるのは、大人になってからです。前頭葉は、論理的な思考をする、行動のために計画を作る、自己を客観化するなどの「高次脳機能」と呼ばれるさまざまな機能をつかさどります。

大人は前頭葉がすでに十分に発達しているために、「あいまい言葉」にあたる内容を、前頭葉を使いながら状況に合わせて理解することができます。しかし、小学生の前頭葉はまだ発展途上です。大人のように、「あいまい言葉」を状況に合わせて判断し、行動するのはとても難しいことです。

コウタは、発展途上にある前頭葉を使って、自分なりに「ちゃんと」片づけているつもりだったのでしょう。しかし、母親に毎回ダメ出しをされて、すっかり自信をなくしてしまいました。そのような状態が長く続くと、親に反抗するようになってしまうケースは決して珍しくありません。

ほかにも、私たちのもとを訪れる親御さんの中には、こんなケースがありました。

子どもが玄関先にランドセルを置きっぱなしにしていたので、「ちゃんと片づけなさい」と注意したら、今度はリビングにポンと置いたというのです。これもコウタのケースと同じで、親は「子ども部屋」に片づけるのが「ちゃんと」だと思っていますが、子どもは「リビング」が「ちゃんと」した場所だと思ったのでしょう。しかし、親御さんはそのことがわからず、さらに、「何でちゃんと片づけないの！」と子どもを追い詰めてしまいました。

「ちゃんと」という言葉でどれだけ注意しても、子どもは何をしていいかわからず、混乱していくばかりです。このようなディスコミュニケーションを続けると、親子の関係性はどんどん悪化してしまうでしょう。

言葉がけは「ロジカルに」「フルセンテンスで」が基本

親は、わが子が幼いうちは「あいまい言葉」を使うべきではありません。そのことをする必要性などがしっかりと理解できるように、「ロジカルに」「フルセンテンスで」教えてあげましょう。

たとえば、部屋の床に漫画が散乱していたなら、「漫画を読み終わったら本棚の元の場所に戻そうね。そうすると次に読むときに見つけやすいよ」などと説明してあげましょう。どのように片づけるのか、なぜ片づけるのかがわかれば、言われた子どもは混乱せずに済みます。

「ロジカルに」「フルセンテンスで」言葉をかけることは、前頭葉の発達にも役立ちます。前頭葉は、物事を筋道立てて考えていく、思考するための脳です。「おりこうさんの脳」（大脳新皮質）に論理的な言葉をたくさん入れてあげることで、前頭葉への神経回路が構築されやすくなります。脳がどれだけ豊かに育つかは、親からよい言葉をどれだけ多く与えられるかにかかっています。

「ロジカルに」「フルセンテンスで」の言葉がけは、幼児の頃から始めても早過ぎることはありません。

たとえば、子どもが擦り傷を作ったときには、「痛いの痛いの飛んでけ～」と言うのではなく、「これぐらいの傷なら消毒液を塗って、絆創膏を貼っておけば3日で治るよ」などと具体的な対処方法を教えてあげましょう。そして3日後、「きれいに治ったね」と傷の治りを確認してあげます。そうすることで、また同じようなけがをしたときに、「これくらいなら大丈夫。消毒液を塗って絆創膏を貼っておこう」と自分で判断ができるようになります。

また、出かけるときには、「もうすぐ出かけるよ」とあいまいに伝えるのではなく、「10時5分のバスに乗るから、9時50分に家を出るよ」と伝えましょう。自分で考えて準備をする力を養うことができます。

このように、親が子どもに対して「ロジカルに」「フルセンテンスで」言葉を伝えることは、自分の力で困難な状況を乗り越えていくための知恵を子どもの脳に蓄積させていくことなのです。

子どもは親に「うぜえ」と言いたいわけではない

「うぜえ」「別に」「関係ないし」など、ロジカルやフルセンテンスにはほど遠い言葉を発する子どもたちをよく見かけます。彼らあるいは彼女らは、相手と話したくないからそのような言葉を使っているのではありません。ボキャブラリーが乏しいためにフルセンテンスで話せないという場合がほとんどです。

「おりこうさんの脳」にボキャブラリーの蓄積がないと、相手に物事をうまく伝えることができません。さらに、前頭葉と間脳・脳幹をつなげる神経回路「こころの脳」も構築されていないので、ロジカルにフルセンテンスで伝えられないのです。伝える言葉を持てないことは、子どもから自信を奪うことです。ひいては、社会で自立する力をも奪ってしまうことになりかねません。

親から発せられる「言葉」は、子どもの脳の発育に大きな影響を与えます。子どもは、脳が完成する18歳までの時間の大半を、家庭で親と共に過ごすからです。毎日の家庭生活の中で、何度も繰り返される「言葉」のやりとりは、子どもの脳育てにとても重要です。無自覚に言葉を発するのではなく、常に意識的に言葉を選び、「ロジカルに」「フルセンテンスで」を心がけましょう。

片づけに「治外法権」を取り入れる

ところで、コウタのお母さんのように、子どもが「部屋を片づけない」ことを悩んでいる親御さんを多くお見受けします。

私たちが提唱する「ペアレンティング・トレーニング」では、「親子がお互いを尊重して協力し合う体制をつくる」こと、あくまで家族が共同生活をすることに重きを置いています。つまり、家族の共同生活が円滑ならばそれでいいので、子どもだけが使う子ども部屋が散らかっていることに大きな問題はない、ということになります。

私たちは、部屋の片づけをしていないことで無駄に子どもを叱り飛ばすよりも、いっそのこと、子ども部屋を「治外法権」にすることをおすすめします。「治外法権」というのは、文字通り、親は部屋がどんなに散らかっていようと一切干渉しない、子どもにその采配を任せるということです。また、「子ども部屋の掃除」という名目で、スマホや個人的な手紙などを勝手に見る親がいますが、これもNGです。

治外法権エリアを作るということは、子どもに対する「心配／信頼」の、信頼の割合を増やすことでもあります。

「子ども部屋廃止」のすすめ

「子育て科学アクシス」で学ばれている親御さんの中には、子ども部屋を廃止されたという方もいらっしゃいます。私たちの「家族で共同生活をすることに重きを置く」という考え方からすると、むしろ子ども部屋そのものがない方が好ましいだろうと判断したからです。

その親御さんは、子ども部屋を廃止して、その場所に、父親・母親・子どもそれぞれの机と本棚を置くことにしました。

その上で、それぞれの机と本棚は「治外法権エリア」なので、どれだけ散らかっていても文句は言わない。しかし、それ以外の床やごみ箱、小さなテーブルは共有スペースなのでしっかりと片づけるというルールを作りました。さらに、母親や父親の机や本棚に子どもの物が散らかっていた場合は、それが生活を妨害するなら容赦なく捨てるということにもしました。

これは逆に言えば、子どもの机の上の物は、ほかの家族は一切触らないということでもあります。この方法なら、何でもかんでも片づけなければならないわけではないので、子どもにストレスがたまりません。「共同生活のための最低限の片づけ」が、子どもに無理なく身についていったそうです。

ちなみに、その親御さんのお子さんは、自分の机の上に、平気でスマホなど何でも置きっぱなしにしているそう。治外法権エリアを、親が絶対に見ない、触らないとわかっているからです。あけっぴろげなようでいて、快適な生活と各自のプライバシーはお互いに尊重できる。それが私たちの提唱する「正しい家庭生活」なのです。

Case 03

×

「あなたのことを思って
言ってるんだから」

○

「あなたはどうしたいの？」

Episode

本当の気持ちを言えない

アイミ（中3）

アイミの母親は教育熱心。事あるごとに、「あなたのことを思って言ってるんだから」と、勉強から生活面まで事細かに指導をしてきます。

もうすぐ高校受験ですが、アイミは勉強になかなか集中できないでいます。母親からは私立のA高校を受験するように言われているのですが、本当は、多くの友達が進学する公立のB高校に行きたいと思っているからです。しかし、母親は「あなたのことを思って」と譲りません。

そんなある朝、アイミは腹痛でベッドから起きられなくなってしまいました。病院に行くと、「起立性調節障害」と診断されました。

「あなたのことを思って」は子どもを支配する呪文

本当に子どもの成長を考えているなら、「あなたのことを思って」という言葉は口にすべきではありません。この言葉は、親が子どもを支配するための呪文です。

このような言葉を日常的に投げかけられている子どもは、「お母さんの言う通りに頑張らないと！」と考える脳の神経回路が太くなってしまいます。神経回路が太くなることで、脳は情報をより速く伝えられるようになります。

「お母さんが言っているから頑張る」ことはストレス以外の何物でもありません。アイミは、「あなたのことを思って」と母親に言われ続けることで、ストレスを生む脳の神経回路が太く、速くなってしまいました。そうして、腹痛や頭痛などにより起きられなくなってしまう、起立性調節障害を引き起こしてしまったのです。

起立性調節障害は、いわゆる「いい子」と呼ばれる子どもが多く発症します。「こんなことくらいは平気だと思わなきゃ！」と頑張り過ぎてしまうからです。近年、小学生で約5％、中学生で約10％の有病率が報告されています。

子どもは親の「分身」でも「所有物」でもない

なぜ「あなたのことを思って」と口にしてしまうのでしょうか。

それは、多くの親が無意識的に、子どもを自分の「分身」、もっと悪い言い方をすれば「所有物」だと思っているからです。「自分ならこんなことはしないのに」とイライラしたり、「自分が実現できなかった夢をかなえてほしい」と期待したり、「私がこの子を正しい道に導いてあげなくては」と気負ったりしていないでしょうか。

確かに、子どもは両親から生まれ、親のＤＮＡを引き継いでいます。しかし、それは両親の半々だけです。子どもは、生物学的にも、倫理的にも、親とは全く違います。親は子どもに対して、自分とは別の一人の人間であると自覚すべきでしょう。親は自分の意見を押しつけるのではなく、子どもの考えを引き出すような言葉がけを心がけましょう。

アイミの母親も、子どもを「分身」だと思っている典型です。

アイミはもう中学3年生なので、「こころの脳」（前頭葉と間脳・脳幹をつなぐ神経回路）

がかなり育ってきています。進路について自分自身でしっかり考えることができる年齢です。親が進路を決めるのではなく、まずは、「あなたはどうしたいの？」と子ども自身の考えを聞くようにしましょう。

子どもの考えを聞いてみても、「公立より私立の方がこの子の将来のためには絶対いいはず」などと思うかもしれません。しかし、子どもは親とは全く別の人間なので、親が期待する行動をしなくて当然です。親は子どもの考えを尊重し、子どもが自分の行きたい道を自由に選べるようにサポート役に徹しましょう。

子どもを「分身」と勘違いしないためにも、子どもが中学生になったら、自分の子どもではなく、「年下の友人」くらいのスタンスでつき合うのがいいでしょう。そう思えば、子どもを自分に引き寄せ過ぎず、気負い過ぎずに自然な会話ができるはずです。

子どものストレスサインを見逃さない

アイミが発症した起立性調節障害などにならないために、親は子どものストレスサインに敏感になりましょう。なぜかというと、子どもは、大人に比べて脳や身体能力が未発達なため、ストレスをなかなか自覚できないからです。

日々の生活の些細《ささい》なところに、ストレスの徴候は隠されています。たとえば、いつもは朝ごはんを完食する子が、ブロッコリー1房を残したことに気づきましょう。また、好きなアイドルがテレビに出てきても、子どものテンションが上がらないことに気づきましょう。いつもと何かが違うように見えるときは、「今日、疲れているよね？　早く寝た方がいいんじゃない？」と声をかけてあげましょう。

翌日、それでも顔色が悪く見えるときには、学校を休ませるのも一案だと思います。休ませたら1日の終わりに、「休んでみてどうだった？」と聞いてあげましょう。「すごく気分がよくなった」と子どもが答えたら、「ああいうときって疲れているってことなんだよ」と伝えてあげましょう。

一連の経験をすることで、子どもの脳はストレスへの対処法を獲得することができます。

Case 04

✕

「またくだらないYouTube動画を見てるのか」

○

「どんなの見てるの？　教えて」

Episode

高校生ユーチューバーにハマって

ミサ（小6）

カリスマ高校生モデルのYouTubeチャンネルにハマっているミサ。毎日その動画を見てばかりいます。家では「宿題が終わったら好きなことをしていい」という決まりになってはいますが、父親はそんなミサの様子が気に入りません。「またくだらないYouTube動画を見てるのか」と必ず嫌味を言います。

最近、「頑張って勉強するね！」と部屋にこもる時間が増えたミサ。父親は「ようやくやる気になったか」と満足げです。しかし、ミサは部屋で勉強をせずに、YouTube動画に夢中になっているのでした。

「くだらない」は大切なモノを切り捨てる言葉

YouTube動画はもちろん、漫画、アイドルなど、その枕詞《まくらことば》に「くだらない」をつけたがる親御さんたちがいます。「くだらない」は、子どもの大切にしているものを見下し、切り捨ててしまう残酷な言葉です。

自分の世代の文化だけが「ハイグレード」で、子どもの文化は「ローグレード」だと格づけをしてしまう。私たちが知っている限りでは、「高学歴親」からこの言葉をよく聞くような気がします。

しかし、本当に子どもの見ているYouTube動画を「くだらない」と言い切れるのでしょうか。たいていの親は、内容がよくわからないからこそ、「くだらない」と言っているのではないでしょうか。

「くだらない」は、「あいまい言葉」でもあります。大人が、実際は思考停止していることを隠すのに都合のいい言葉です。「ロジカルに、フルセンテンスで、YouTube動画の何がくだらないのか説明してほしい」と言われたら、明確に説明できる親はほぼいないのではないでしょうか。

好きなモノは、大人も子どもも関係なく、心を弾ませてくれたり、癒《いや》してくれたりします。また、脳が疲れているとき、ストレスを解消してくれるものでもあります。

好きなことを持つのは、人生を豊かにするだけでなく、人生を生き抜く上でも大切なことです。「くだらない」と言いそうになったときには、ぐっと踏みとどまって、「へえ、それってどんな人（モノ）？」と聞いてみる癖をつけましょう。

親子で一緒にデジタルメディアに接してみる

今の小中学生は、生まれたときからインターネットがあった「デジタルネイティブ」です。幼い頃からテレビ代わりにYouTube動画を見て、オンラインゲームで遊び、X（旧Twitter）やFacebookはもはや古いとまで思っていて、TikTokなどのメディアをやすやすと使いこなしています。また、学校では、ICT（情報通信技術）教育が急速に進んでいて、小中学生のほとんどが1人1台タブレットを持っているのが当たり前となっています。

今やデジタルツールなしには、子どもたちの教育は成り立ちません。使い方次第では、学習効率を飛躍的に上げてくれるとても便利なものです。YouTube動画を見ている子どもが気になったら、「くだらない」と切り捨てるのではなく、「どんなの見てるの？　教えて」という言葉をかけてみましょう。

子どもはいくつになっても、自分の好きなモノに興味を持ってくれる大人を歓迎します。大人は一緒に動画を見ることで、子どもが何に興味を持っているのかをダイレクトに知ることができます。

もし実際に見て、本当に想像していた通りの「くだらない」ものだったとしても、そこは「一枚上手」に振る舞います。絶対に否定せず、「へえ、こんなの見てるんだ〜」などという言葉をまずはかけましょう。しかし、多くの場合、見てみれば意外にも「へえ、今の子ってこんなファッション着こなすのね。かわいいね」など、知らなかったことを知るチャンスが親にも訪れます。これをきっかけとして、一緒に最近のトレンドの洋服を買いに行くことになるかもしれません。

好きなモノを共有することで、親も子も、家庭生活は今まで以上に楽しいものになっていくでしょう。

デジタルネイティブのITリテラシーは、親世代よりはるかに高い

「子育て科学アクシス」に来られた親御さんの中に、「子どもが最近、オンラインゲームにハマってチャットばかりしてるんです。そんな知らない人と親しくなったら、個人情報を吸い取られて、いつか家に詐欺師や強盗がやって来たりするんじゃないでしょうか」と心配されていた方がいました。私たちは、「誰とチャットをしているのか、お子さんに直接聞いてみたらどうでしょう」とアドバイスをしました。

親御さんは早速、子どもに聞いてみたのですが、「知らない人とチャットなんて、そんな危ないことするわけないじゃん！」と笑われてしまったそうです。チャットの相手は近所の同級生で、頻繁に攻略方法などの情報交換をしているということでした。

「オンラインゲームで知り合いになって、犯罪に巻き込まれたというニュースをよく聞くから心配していたけれど、子どもの方がずっとよく危険性を知っていて、私にわかるように説明までしてくれて、拍子抜けしました！」という報告をしてくれました。

確かに、ネットの世界は玉石混淆《ぎょくせきこんこう》。中には、危険なものがあることも事実です。しかし、デジタルネイティブである子どもたちは、それなりのＩＴリテラシーを持ってメディアに接しています。親たちよりずっと知識があるでしょう。

親は頭ごなしに否定するのではなく、「子どもに教えてもらう」くらいのつもりで会話をするのがいいのではないでしょうか。

子どもの脳を育てるためには、子どもに言葉のインプットだけでなく、アウトプットもさせることがとても重要です。自分がインプットした事柄をアウトプットし、ロジカルに説明することで、より前頭葉を鍛えることができます。

子どもが興味を持っていること、その一つ一つが、脳育ての「芽」です。親は子どもが今何に興味を持っているかについて、常に注意深く観察し、「面白そうだね、教えて」と聞いてあげましょう。

好きなモノは子どもの世界そのもの

みなさんの子ども時代を思い出してみてください。好きなモノというのは、自分の世界の大きな部分を占めていた、あるいは世界そのものであったと思います。ですから、子どもは親に、自分の好きなモノについて興味を持ってもらえるだけで、「認めてもらえた」と感じるものです。それは、親に対する信頼にもつながります。

また、親も自分の好きなモノを教えてあげるといいでしょう。親が好きな音楽や映画などに子どもが興味を持ってくれるかもしれません。親子に共通の趣味や話題ができることで、コミュニケーションの機会が増え、脳をよりよく育てることにも役立ちます。

時代の移り変わりに応じて社会や文化は大きく変わります。かつて「くだらない」と言われることの多かった漫画は、いまや「ＭＡＮＧＡ」として、日本が世界に誇る文化になっています。「くだらない」は、「最近の若いもんは」という世代論によく似ています。つまり、「くだらない」という言葉こそが、くだらない不毛な会話を生んでいるのです。

Case 05

×

「大丈夫！
あなたならできる」

○

「あのときのようにやれば、
うまくいくかもね」

Episode

「大丈夫」って言葉を信じたのに！

ハルカ（小3）

もうすぐピアノの発表会を控えているハルカ。難しい曲に挑戦することもあり、「失敗しないかな？」といつも以上に不安に思っています。「大丈夫！　ハルカならできるよ」と母親は背中を押しました。

そうして迎えた発表会。途中で間違えてパニックになり、演奏が続けられなくなってしまいました。泣きじゃくるハルカを必死で慰める母親。しかし、「お母さん、大丈夫って言ったのに。嘘つき！」と部屋に閉じこもってしまいました。

その翌日から、ハルカは不登校になってしまいました。

「大丈夫」は根拠のない「雑な言葉」

子どもが不安やプレッシャーを感じているとき、親は「大丈夫！　あなたならできる」と励ましがちです。親としてはよかれと思って言っているつもりなのですが、その一言により、ハルカのような深刻なトラブルが引き起こされてしまうことがあります。

親が言う「大丈夫」は、「雑な言葉」の代表格です。

この「大丈夫」には、何の根拠もありません。無自覚にだとは思いますが、なぜ「あなたならできる」のか、考えて説明するような時間もないし、面倒くさいから「大丈夫」と雑に言ってしまっているのです。

不安を感じやすい子どもは、根拠もなく励まされれば励まされるほど、どう対処していいかわからず、より一層不安になってしまいます。さらに失敗をすると、「大丈夫って言ったのに」と親を恨んだり、「ダメな人間だ」と自分を責めたりしてしまいます。そのストレスにより、身体症状が出たり、不登校になってしまう場合もあります。

「なぜできるのか」を論理的に伝える

子どもに言葉を伝えるときは、「ロジカルに」「フルセンテンスで」が基本です。ロジカルな言葉がけは、しっかりと論理的な思考のできる前頭葉を育むからです。

ハルカの場合は、なぜ「あなたならできる」のかについて、その理由を論理的に伝えてあげるべきでした。たとえば、過去の成功体験を思い出させてもいいでしょう。

「去年の発表会も大丈夫だったじゃない。あのときのようにしっかり練習をすれば、もしかしたらうまくいくかもね」というような感じです。このときに、「あのときのようにやればできると思うよ」というのは、母親の考えを押しつけているのでNGです。

また、自分が不安を克服したエピソードを具体的に話してあげるのも有効です。

たとえば、「お母さんも子どもの頃、ピアノの発表会っていつも緊張したなあ。でもさ、一度、目を閉じても弾けるくらいに頑張って練習してみたの。そうしたらさ、本番で全然緊張しなかったんだよね。そんな方法もあるよ」などと話してあげましょう。ただしこのときも、「だからあなたもそうしたらうまくいくよ」というのは親からの押しつけになるのでNGです。

親自身の失敗克服エピソードは、子どもにとって何より説得力のある言葉です。ピアノの発表会に限らず、子どもは成長していく中で、数えきれないほどの困難に直面します。そんなときのために、親は子どもに話してあげられる「経験のストック」を持つようにしましょう。自身の経験を話す際には、もちろんすべて実話の方がいいですが、説得力が弱いと感じたら多少脚色をしたり、手持ちの経験がない場合にはフィクションを交えたりしてみてもいいと思います。

親は子どもより、すべての面において先達《せんだつ》です。親は子どもより常に、「知恵者」であり、「一枚上手」でなければなりません。思いつきで言葉を発するのではなく、その言葉を聞いた後の子どもの反応までをしっかり考えて、不安を勇気に変える言葉選びをしましょう。

「失敗」したときこそ、脳育てのチャンス

ほかにも、私たちの「ペアレンティング・トレーニング」を学んだ親御さんの中

に、素晴らしいエピソードがあるのでご紹介します。

マキ（小5）は、学校の合唱祭でピアノの伴奏をやりたいと、校内オーディションに応募しました。張り切って一生懸命練習をしていたのですが、何とオーディションの数日前にインフルエンザにかかってしまいます。結局、マキはオーディションに参加できず、伴奏者はほかの子に決まってしまいました。

落ち込んで大泣きしているマキ。しかし、お母さんは冷静に、「ここはチャンスだ！」と考えました。「自分が健康な状態を保つことができなければ、大切なチャンスを失うことがある」とマキはこの経験で身をもって知ることができたからです。

お母さんは、マキの悔しい、やるせない気持ちをじっくりと聞いてあげました。子どもが感情的になっているときには、「次のチャンスにまた頑張れば、いいことがあるよ」などと正論を言うのは禁物です。まずは、子どもの声に耳を傾け、認めてあげる。「共感」「傾聴」という態度が、子どものストレスを和らげていきます。

するとある日、「合唱祭は来年もあるから、今度は体調を崩さないようにしてオーディションを受ける」とマキは言いました。お母さんは「そういうふうに考えられるのって、すごくいいね」とだけ伝えました。

翌年、マキは体調管理を怠ることなく一生懸命練習をして、見事オーディションに合格。合唱祭を聴きに行ったお母さんは、誇らしげに演奏する娘の姿をとても頼もしく感じたそうです。「信頼のパーセントを増やすことができました！」と笑顔で話されていました。

親が子どもにどれだけ的確なアドバイスをしたとしても、失敗をすることはあります。しかし、子どもが失敗したときこそ、「脳育てチャンス」の到来です。どうすれば次にうまくやれるかを計画し、実行することは、すべて前頭葉の働きによるものだからです。

子どもが失敗したとき、親は一緒になって落ち込んでいる暇などありません。親は子どもの気持ちに共感・傾聴しながらも冷静さを保ちましょう。常に「一枚上手」の「知恵者」としてサポートしてほしいと思います。

第2章

子どもの「自信」を奪う言葉

Case 06

×

「勉強してるならともかく、ゲームしてるくらいなら寝なさい」

○

「面白いかもしれないけど、もう寝る時刻だよ」

Episode

勉強ならば夜更かしOK？

ハルキ（小6）

「就寝時刻は21時」と決められているハルキの家庭。しかし、勉強をしていると「頑張っているなんて偉いな」と就寝時刻を過ぎていても許されてしまいます。逆に、ゲームに夢中になっていると、まだ21時になっていないのに、「ゲームしてるくらいなら寝なさい」と叱られます。

最近、ハルキがゲームをしている様子をすっかり見かけなくなりました。いつも、机に向かって熱心に勉強をしています。部屋をのぞいて、「頑張れよ！」と励ます父親。

しかし、教科書の下にはゲーム機が隠されているのでした。

健康的な生活環境がすべての礎

今回の親の言葉は、ロジックが完全に破綻してしまっています。「就寝時刻は21時」と決められているのですから、ゲームをしていようと、勉強をしていようと、必ず寝なければなりません。勉強しているなら就寝時刻を過ぎてもいい、ましてや、ゲームをしているくらいなら21時前でも寝なければならないとは不条理過ぎます。子どもの脳は混乱してしまうばかりでしょう。

私たちが提唱する「ペアレンティング・トレーニング」の重要な考え方の中に、「ブレない生活習慣を確立する」というものがあります。就寝時刻と起床時刻を決めて、毎日規則正しく生活することはその最たるものです。

どんなに「ロジカルに」「フルセンテンスで」言葉をかけていたとしても、健康的な家庭生活がなければ、よい脳は育ちません。親は子どもの生活習慣をブレさせず、継続できるように手助けをしていく必要があります。

しかし、高学年になればなるほど、早く寝ることを嫌がる子どもは増えていきます。親が夜型の生活をして、子どもだけに早く寝ることを強いている場合、それは顕著に起こりえます。そんなときは、親も子どもと一緒に、朝型の生活にシフトすることをおすすめします。

親が「早起きがどれほどいいことか」を説明すれば、自然と子どもは正しい生活リズムを身につけるでしょう。自分の経験を交えながら「早く起きるとこんないいことがあるんだよ」と、事あるごとに言い続けていく。たとえば、「昨日の夜にお仕事で原稿を書こうと思ってたんだけど、全然進まなかったから、諦めて早く寝たんだよね。今朝早く起きて書いたら、あっという間に終わっちゃった。やっぱり、早起きは得だよね」などといった具合にです。このような地道な働きかけは大切です。

「子育て科学アクシス」のスタッフは今や全員朝型人間ですので、相談者に「自分の経験」を繰り返し伝えています。イキイキとしたスタッフの表情を見ることで、みなさん自然に「説得」されて生活改善に取り組み、変わってきてくれています。

私たちは、子どもに伝えたいことを、自分のエピソードを交えながら何度も繰り返し話すことを、「地味な刷り込み」と呼んでいます。

前頭葉は繰り返し受けた刺激を、重要なものと判断してその神経回路を太くします。神経回路は太くなることで、情報を速く伝達できるようになります。加えて、「早起きすると頭がすっきりしているから勉強がはかどるよ」と言葉だけで言うよりも、一番身近な存在である親の成功体験を交えながら伝えると、そのロジックはより説得力を増します。

また、今回の言葉には、もう一つ問題点があります。

それは、「ゲームしてるくらいなら早く寝なさい」の「くらいなら」です。前章で取り上げた「くだらない」と同様に、「くらいなら」も相手の好きなモノを切り捨てる言葉です。「ゲームをすることより、勉強をすることの方が上」という親の価値基準を子どもに押しつけています。

子どもが就寝時刻を忘れてまで夢中になっているということは、相当に面白いゲームなのでしょう。頭ごなしに否定するのではなく、「どんなゲームやってるの？」と聞いてみましょう。実際にゲームを見ても、自分には全然興味のない世界だとしか思えないかもしれません。しかし、そんなときも、大人は思ったことをそのまま口にしない「知恵者」でなければいけません。「へえ、そんなふうにバトルするんだ。面白いかもしれないけどさ、もう寝る時刻だよ」と子どもの「好き」を認めつつ、就寝を促すことが大切です。

子どもは認められることで、親を信頼するようになります。信頼している親との約束は守らなければならないと思うので、自然に就寝時刻を守るようになるでしょう。

親は家庭生活の「軸」を持つ

子どもが小学校に上がると、親は判で押したように成績のことばかりを気にし始めます。私たちは、「いかに勉強をさせるか」ということに囚われてしまい、その結果、就寝時刻をおろそかにするようになった親御さんたちを数多く見てきました。

「ペアレンティング・トレーニング」に、「親はブレない軸を持つ」という考え方があります。親は、学校や塾などでの成績評価のモノサシは持たず、家庭生活における「軸」をしっかりと持つ。子どもの脳の育ちにとって最も重要なのは家庭生活である、という考えを中心に持てるようになれば、学校の成績が関係なくなるのは当然です。

家庭生活での「軸」は、2本~3本に絞ります。まずは、「死なない、死なせない」「寝る時刻と起きる時刻」という2本は、どんな家庭生活においても絶対に外すことができません。これに加えて、家庭ごとに必要と思われる「軸」を立てますが、「軸」はどんなに多くても3本だと思います。4本も5本も立ててしまうと、何が本当に重要なのかがわからなくなってしまうからです。

「軸」とするからには、「その部分に抵触する行動は全力で叱る」ことが大切です。ハルキのケースで考えれば、叱られるのは「21時を過ぎているのに起きている」という1点のみになることはすぐにご理解いただけるでしょう。

「宿題を必ずやる」「塾の成績で10位以内に入る」「マラソン大会で1位を取る」などは家庭生活に一切関係ないので、「軸」にはなりません。

「多くて3本なんて少な過ぎるのでは?」と思われるかもしれません。しかし、そもそも、家庭は子どもを評価する場ではありません。昨日より今日、少しずつ子どもが成長していることを喜び、それを「認める」場です。認めるだけで、子どもは不安を感じにくくなり、脳は自然によい方向に育っていきます。

親が「軸」を持つのは家庭生活のみ
子どもが生きる上で絶対に必要なこと2本〜3本だけ！

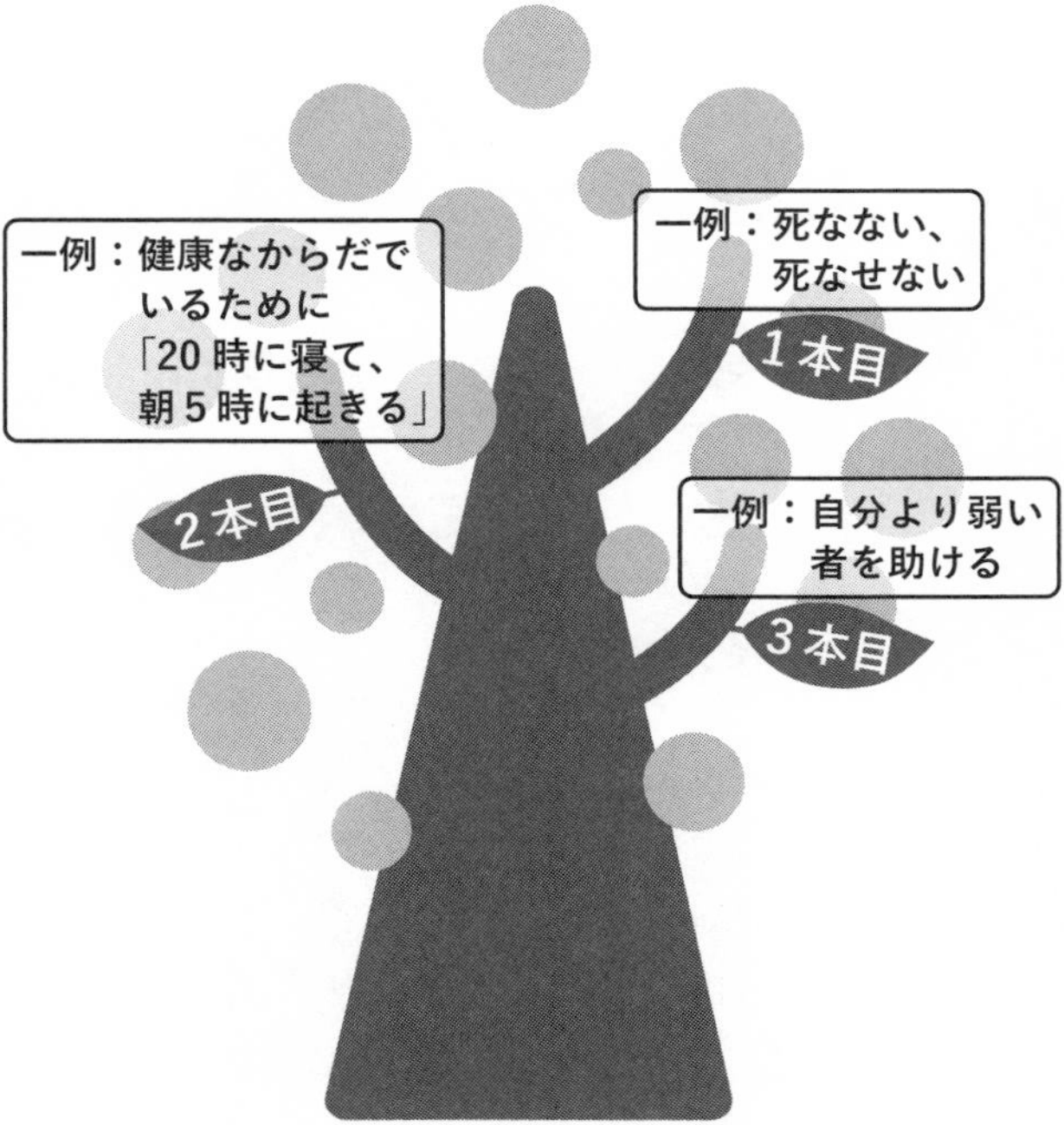
一例：健康なからだでいるために「20時に寝て、朝５時に起きる」
一例：死なない、死なせない
1本目
2本目
一例：自分より弱い者を助ける
3本目

社会の「モノサシ」は「軸」にはなりません！

社会の「モノサシ」とは？＝学校・塾などでの評価のこと

例　「テストで100点を取る」「学校に忘れ物をしない」
「宿題を必ず提出する」「マラソン大会で１位を取る」
など……

Case 07

×

「テストで80点以上取ったら、ほしい物を買ってあげる」

○

（家庭生活の中で感謝の念が生まれたら）「うれしいからごほうびに……」

Episode

買ってくれるって言ったじゃん！

ナオト（中２）

勉強嫌いのナオト。そこで、親がモチベーションが上がるようにと考えたのが「テストで80点以上取ったら、ほしい物を買ってあげる」ということ。しかし、ナオトは80点以上を取るために勉強をするようになりました。

しかし、80点以上を取る度に買わなければならないので、「ほしい物」はどんどん高額に。今度は、ハイスペックのスマホがほしいと言い始めました。

「値段が高過ぎて無理」と言う母親に、「買ってくれるって言ったじゃん！」と暴れ始めたナオト。母親は突き飛ばされてしまいました。

「ほしい物を手に入れること」自体が目的化してはいけない

子ども「新しく出たゲームほしいんだよね〜」
親「じゃあ、次のテストでいい点を取ったら買ってあげるよ」
子ども「やった！　よーし、勉強頑張るぞ！」
親「頑張ってね。期待してるわよ！」

一見、ほのぼのとした家庭での1コマのように見えます。実際、このような言葉のやりとりをしているご家庭は結構多いのではないでしょうか。確かに、子どもは勉強を頑張るようにはなるかもしれませんが、このように「テストでいい点数を取る」などの交換条件を示して、報酬を与えることは絶対にNGです。子どもの脳の発達を大きく妨げてしまいます。

勉強はあくまで個人の活動であり、「家庭生活」ではありません。ましてや「ほしい物を親に買ってもらう」ためにするものではなく、自分のために「したいのなら」

勝手にするものです。テストの点数が悪くて、「勉強をしなくては」と思うか、「別にいいや」と思うかは、すべて子ども自身が判断すべき。何度も言うように、親は学校や塾などの社会の評価を家庭生活の「軸」として持ち込んではなりません。

親が注力して整えるべきなのは、規則正しい家庭生活の環境です。

子どもに早寝早起きの習慣づけをさせて、まずは「からだの脳」（間脳・脳幹）をしっかり育てていく。次に、言葉を中心にしたさまざまなコミュニケーションを通じて、「おりこうさんの脳」（大脳新皮質）と「こころの脳」（前頭葉と間脳・脳幹をつなげる神経回路）を育てていく。それが子どもの脳を育てるということです。

テストでいい点数を取って「もらう」ために、親が子どもを「モノで釣る」ことは、勉強というものに対する考え方のミスリードにつながりかねません。その結果、子どもの脳育ての阻害要因にもなりうる「ブレブレ」の行為です。このような交換条件を成立させてはいけません。「テストで80点以上を取る＝ほしい物を買ってもらえる」というルールを決めてしまうと、子どもは「ほしい物を買ってもらう」だけのために、勉強をするようになってしまいます。前頭葉の最も大切な機能である「見えないもの」を報酬と考えて「頑張る」（たとえば、自分の将来のキャリアアップのために努力して資格試験を受ける）という機能の発達を阻害するだけです。

ところで、「本当に」家庭生活の中で子どもに対して感謝の念が生まれたなら、そのときは、ごほうびはありです。たとえば、母親が疲れて仕事から帰ってきたとき、すっかり洗濯物が片づいていて、お風呂も沸いていてごはんも炊けていたら、「うれしい！　ありがとう。じゃあ、あんまりうれしいからごほうびに……今度の日曜日、パフェおごっちゃおうかな！」などと言うのは、ぜひたくさん行ってください。

「ほしい理由のプレゼン」で脳を育てる

テストの点数を交換条件としてほしい物を買うのはNGですが、子どもが何かをほしがったときは、実は、脳を育てるチャンスです。そのまま買ってあげるのではなく、なぜほしいのか「プレゼン（プレゼンテーション）」をしてもらいましょう。

ほしい「物」がある場合には、「どのような機能があるのか」「なぜそれが必要なのか」「予算はいくらなのか」などについて説明してもらいます。

ほしい物が、ゲームや洋服などの「物品」ではなく、「釣りに行きたい」「ディズニーランドに行きたい」などの「(お金のかかる) やりたいこと」の場合にもプレゼンのチャンスです。その場合には、「目的」「交通費などの経費」「必要な持ち物」「タイムスケジュール」などを説明してもらいましょう。

「高次脳機能」である前頭葉は、計画を立てるなどの論理的な思考と判断を働かせる場所です。プレゼンをさせることは、前頭葉の働きを活発化させます。

プレゼンが習慣になれば、子どもは「ほしい」と思ったときに、「本当に必要なのか」を自問するようになります。場合によっては、「みんなが持っているからほしいと思ったけれど、よく考えたら使わないな」などと結論を出すこともあるでしょう。それは脳が育っている何よりの証拠です。

プレゼン能力は、どんな仕事、職業にも求められるスキルです。プレゼンが上手になっていくことは、子どもが成長していることの証しでもあります。

生まれたときに「心配100／信頼0」だった子どもを、18歳で「心配0／信頼100」で送り出すために、その能力をどんどん伸ばしてあげましょう。

Case 08

×

「中学生なのに、お化粧なんかするんじゃありません！」

○

「すごく上手だね！お母さんにも教えて」

Episode

メイクをしてみたい

リカ（中1）

ある休日。友達と遊びに出かけるリカの顔に、ファンデーションと口紅が塗られていました。驚いた母親は「中学生なのに、お化粧なんかするんじゃありません！　大人になったらいくらでも化粧なんてできるんだから」とメイクを落とさせ、化粧品を没収。「子どものうちは素顔が一番きれいなんだから」とリカを諭しました。

数日後――。友達と街を楽しそうに歩いているリカ。2人はファッションビルの化粧室に入って行きます。

化粧室から出てきたリカと友達の顔には、メイクが施されていました。

「正論」を言っても反発されるだけ

「中学生なのに、お化粧なんかするんじゃありません！」

「大人になったらいくらでも化粧なんてできるんだから」

「子どものうちは素顔が一番きれいなんだから」

リカの母親の言うことはどれも正しいことばかりです。

子どもの肌はみずみずしくツヤツヤしています。大人の私たちは、そんな肌のきれいな時期がほんの少ししかないことを知っています。

しかし、それはいわゆる「正論」です。正しいことは確かですが、正論を振りかざしても、何の解決ももたらしません。リカのように、隠れてこっそりお化粧をすることになるか、反抗するようになってしまうでしょう。

今の子どもたちは、親世代が子どもだった頃とはメイクに対する意識が全く違います。ネットにはメイク情報があふれ、街には子どものお小遣いでも買えるようなプチプラコスメがたくさん売られています。むしろ、興味を持つのは自然なことです。「子どもの頃からメイクなんてすると不良になるんじゃないか」などと心配する親御さんが結構います。「メイクをすること」と「不良になること」は全く別の次元の話です。メイクは顔をきれいに見せる働きがありますが、不良になる働きを持ってはいません。ロジックとして破綻しています。「服装の乱れは心の乱れ」などといった表現も同様です。

家庭の「軸」に、「メイクをしてはならない」という内容は入っていないはずです。評価するのではなく、今のその子のありのままを「認める」ことが大切です。

メイクは前頭葉の働きを活性化させる

「子育て科学アクシス」で学んでいたあるお母さんは、メイクがとても上手な娘に向かって、「お母さん、アイラインめちゃくちゃ下手なんだよね～。どんなふうにやってるの？　何使ってるの？」と教えてもらう言葉がけをしました。娘はとても喜んで、あれこれ教えてくれたばかりでなく、その後は、自分のプチプラコスメを買うついでにお母さんにも同じ物を買ってきて「これを化粧水の前につけるとノリが違うよ！　ユーチューバーが言ってた！」などと言うようになりました。

もし、子どもが化粧をしているのを見つけたら、叱ったり、見て見ぬふりをしたりするのではなく、「お化粧してるの？　すごく上手だね！　お母さんにも教えて」などと声をかけましょう。そこから、親子のコミュニケーションが始まるのです。

親子で会話を続けることで、子どもがなぜメイクをしたがっているのかがだんだん見えてくると思います。「純粋に自分をよりよく見せたいと思っている」「友達と一緒にメイクの研究をすることが楽しい」「ファッションも含めてアート的なことに興味関心がある」……理由がわかれば、「不良の始まり」などとは思わないはずです。

もし子どもが、かなり心配に見える行動をするようになったとしても、それには必ず子どもなりの理由があるはずです。

たとえば、ある日、子どもの髪が突然ピンク色になったとしても、親は動揺することなく（内心は動揺していたとしても）、「すごいね、その色。どんな基準で選んだの？」とまずは否定をせずに聞いてあげましょう。「夏休みだからちょっと試してみようと思って。学校が始まったら黒くするよ」などと子どもが返してきたら、「不良の始まり」ではないと安心できるはずです。

そもそも、中学生がメイクをすることは、そんなにいけないことなのでしょうか。どんな化粧品、どんな色味、どんなテクニックを使って自分をよく見せるかについて考えることは、前頭葉を活性化させます。脳育ての観点から見るとよいことばかりです。

「メイクは校則で禁止されているでしょ！」と叱る親御さんもいらっしゃいます。校則は家庭生活外のことなので、あくまで子どもが自分で判断して行動すべき事柄です。

もし、メイクしているのがバレて学校に呼び出されたなら、保護者として「申し訳ありません」と親が謝り、帰宅して「あなたの代わりに謝罪してきた」と伝えましょう。その後に子どもが「家族に迷惑がかかるのはよくないから、今度から学校にはメイクを落としていこう」と考えて行動すれば、「社会でうまくやる脳」、すなわち前頭葉がよく育ったということになりますよね。

このように、どれほどマイナスに思える事柄も、子どもの脳育てのチャンスになりうることを、ぜひ覚えておいてください。

Case 09

×

「（子どもが聞いているか確認せずに）
明日は18時までに帰ってきてね」

○

「（しっかり目を合わせて）
明日は18時までに帰ってきてね」

Episode

そんなの聞いてない！

ダイスケ（中2）

ゲームに夢中になっているダイスケ。「明日はお父さんの誕生日だから、18時までには必ず帰ってきてね」と母親が声をかけます。ちょっといいレストランで、みんなで食事をすることにしたのです。ダイスケは「はーい」と返事をしました。

翌日、約束の時間になっても帰ってこなかったダイスケ。「18時までに帰るって約束したでしょ！」と母親は怒り心頭です。「そんなの聞いてないよ！」とダイスケ。ケンカが始まってしまいました。

予約したレストランには、待ちぼうけの父親の姿がありました――。

脳は一気に複数の情報をインプットするのが苦手

人間の脳は、情報を取り込んでいる最中には、ほかの新しい情報を入れることができません。ダイスケがまさにゲームの情報を取り込んでいる最中に、新たな情報を伝えようとしてもそれは無理というものです。

加えて、子どもの脳は大人の脳に比べて未発達です。子どもに約束事を伝えるときには、大人に伝えるとき以上に、伝え方の工夫をする必要があります。

まず、子どもがほかのことに気を取られていない「タイミング」を選びましょう。ゲームなど何か別のことをしているときは、いったん手を止めてもらいましょう。話すときには、相手の目を見ながら、ゆっくりと、なるべく低い声にするとより印象づけられます。

「これから大事なことを一つだけ言うね！」と注目させるのも効果的です。ちなみに、保育園や学校の先生が、話をする前に手をたたいたり音楽をかけたりするのも子どもたちを注目させるテクニックです。

最後にダメ押しで、当日の朝にも伝えましょう。「今日、何時に帰ってくればいいんだっけ？」とクイズ形式にすると、前頭葉が活性化されるので、記憶が定着しやすくなります。

家庭の中で「言った、言わない」が多くなると、子どもの親に対する信頼が失われていきます。雑な伝え方をしないように注意しましょう。

また、子どもに買い物を頼むときなど、覚えることがたくさんある場合には、買い物リストを書かせるなどして、忘れない工夫をしましょう。

「ちゃんと伝えたでしょ！」「聞いてないよ！」の「言った、言わない」のケンカは、子どもに限らず、大人同士でもよくあることです。

上から目線で「言ったでしょ！」と叱るのではなく、「大人でも忘れるくらいだから、当然忘れることもあるよね」という一枚上手の余裕の姿勢を持つことも、親としては大切ではないでしょうか。

「5W1H」で伝える

ここまで、伝えるために「どのような技術が必要か」について話をしてきましたが、伝えるために「どのような言葉がけが必要か」についても話したいと思います。親が子どもに何かを伝えるときは、「ロジカルに」「フルセンテンスで」が基本です。ロジカルなセンテンスを作る際に、意識しておきたいのが「5W1H」です。「5W1H」とは、「When（いつ）」「Where（どこで）」「Who（誰が）」「What（何を）」「Why（なぜ）」「How（どのように）」という意味です。今回のダイスケのケースを、「5W1H」に当てはめてみると次のようになります。

いつ＝明日（18時までに家に帰ってくる）
どこで＝ちょっといいレストランで
誰が＝あなた（ダイスケ）が
何を＝食事をする

なぜ＝お父さんの誕生日だから
どのように＝家族みんなで

「5W1H」は、物事をロジカルに伝えるためにはなくてはならない要素です。子どもは、ロジカルな言葉に触れ続けることにより、脳の中で最も高度な機能を担っている前頭葉を育んでいくことができます。

「5W1H」以外にも、ビジネスの場で必要とされる「ほうれんそう（報告・連絡・相談）」も家庭内で習慣づけることをおすすめします。「言った、言わない」を避けることができるだけでなく、子どもがトラブルを抱える前に知ることができるからです。

子どもが生まれてから18歳になるまでに、一番多くの時間を過ごすのは家庭です。脳育ては、家庭でどれだけ規則正しい生活を与え続けることができるか、どれだけよい言葉をかけ続けることができるかにかかっています。もちろん、学校や塾での知識も、「おりこうさんの脳」（大脳新皮質）に吸収されていきます。しかし、最も長時間にわたって脳を育ててくれる場所は家庭しかないのです。

Case 10

×

「この学校なら
偏差値的にちょうどいい」

○

「行きたいなら頑張りなさい。
でも不合格になることもあるよ」

Episode

「ちょうどいい」って言ったのに！

カズヤ（小5）

来年、中学受験のカズヤ。志望校選びに悩んでいると、父親は「私立B中学が偏差値的にちょうどいいと思うよ」とアドバイスをしました。父親のすすめから、カズヤは私立B中学を受験することを決めました。

そうして1年後——。私立B中学に不合格となってしまったカズヤ。結局、公立のF中学に入学することになりました。「F中学もいい学校だぞ」と慰める父親に、「F中学なんかクソだ！　B中学なら合格できるって言っただろ！」とカズヤ。

その日を境に部屋に引きこもり、不登校になってしまいました。

「通学時間」「学費」について子どもに考えさせる

志望校は偏差値だけで選ぶべきではありません。偏差値はもちろん目安にはなりますが、校風、立地、特徴のあるカリキュラムなど、親は子どもにいろいろな視点を与えてあげましょう。

高校受験をする年齢なら、子どもはもう十分に物事を総合的に判断できるような脳が育っているので、親はノータッチが一番。しかし、中学受験の場合には、親のサポートが必要です。

中学受験では、子どもは「制服がかわいい」などの一つの視点だけで志望校を考えてしまっている可能性があります。まずは、子どもに合いそうと思えるような学校を親が何校か選んで、一緒に見学に行ってみましょう。後は、「ここ楽しそう！」など、子どもの「勘」を大切にして、子ども自身に選ばせるのがいいと思います。

ただし、本当にその学校でいいのかについてはさらなる検討が必要。特に話し合ってほしいのは、「通学時間」と「学費」についてです。

通学時間はとても重要です。実際に通い始めると遠過ぎてストレスになり、不登校になってしまうというケースが結構あるからです。

大人に比べて、子どもの脳は経験のストックが少ないので、想像力に乏しく、まだ起こっていないことをイメージするのが苦手です。たとえば、「通学に1時間半かかるよ」と言葉で言われても、あまりピンときません。ですので、実際に電車やバスに乗って、子どもに通学を体験させることをおすすめします。

見学のために学校までは行くと思いますが、たいていは、日中の電車のすいている時間に出かけるはずです。そうではなく、通勤ラッシュで混み合う、朝の時間帯の電車に乗ることが大切です。実際に経験させてみることで、このラッシュに耐えても行きたいかどうか、自身で判断できるようになるでしょう。

また、学費についても考えさせることが重要です。

中学校は、何も私立に行かなくても、公立に通うこともできます。経済的な観点だけから見れば、その方が圧倒的によい選択です。経済教育の一環として、お金を出してまで私立に通う意義について、親子でしっかりと話をしておきましょう。

わが家の年収はこれくらいで、私立中学に通うと年間これくらいの学費がかかる。私立中学に行くのは、お金がかかることだということをしっかりと教えておきましょう。子どもなりに、「さすがにここの学費は高過ぎるよね」などと経済状況も考えながら、自分の行きたい学校を選ぶようになると思います。

不合格の可能性も必ず教える

もう一つ、必ず子どもに教えておかなければならないことがあります。

それは、「受験というものは、合格することもあるけれど、不合格になることもある」ということです。どんなに偏差値的に合格ラインと判断されていても、１００％合格するという保証はありません。

「不合格になった場合には私立中学には通えない。公立中学に通うことになる」と教えておくことはとても重要です。親御さんたちは、不合格になることがあると話すことで、子どもが受験をする自信をなくすのではないかと心配されているのでしょう。

しかし、「偏差値的にちょうどいい」と受かるように思わせてしまい、結果的に不合格になることの方が、よほど子どもの自信を砕いてしまいます。

まずは、子どもが行きたい中学を選んで、通学時間や学費について検討をする。それでも行きたいと子どもが思ったときには全力で応援をする。「行きたいなら、偏差値に届くように頑張りなさい。でも、受験は不合格になることもあるよ。落ちたときには、公立のF中学に通いなさい。F中学は家から近いし、お金もほぼかからないから、それはそれでいいと思うよ」などと伝えておきましょう。

カズヤの場合も、不合格になる可能性もあること、公立も悪くないことをしっかり教えてあげていたら、きっと不登校にはならなかったでしょう。

失敗したときこそ、脳育てのチャンスです。「あのとき失敗したけれど、そのおかげで今の成功がある」と結果的に思えるよう、親はよい言葉がけをして、子どもの脳を育てていきましょう。

第3章

子どもの「考える力」を奪う言葉

Case 11

×

「遊んでないで
早く宿題しなさい！」

○

「勉強やってみようか！
5分タイマーをかけるね」

Episode

帰ったら遊びたい……

タイガ（小１）

タイガが小1になってから、「学校から帰ってきたら、まずはすぐに宿題をやる」という決まりができました。ゴロゴロしていると、「遊んでないで早く宿題しなさい！」と厳しく注意されます。母親は机に向かう習慣づけが大切だと考えているので、宿題がすべて終わるまで遊ばないように見張っています。

そんなある日――。先生から家に電話がかかってきました。「お母さん、タイガくん、最近、授業中によく居眠りをしています……」と先生。

タイガは今日もあくびをしながら宿題をしています。

宿題をしないことより、強いることが脳をダメにする

「宿題をしない」「部屋を片づけない」は親御さんにとって心配事の二大巨頭です。

親御さんたちは口々に、「宿題くらいやれないようでは、将来、社会に出てちゃんとやっていけるかどうか心配だ」「自分の部屋さえ片づけられないなんて、将来、だらしない大人になってしまう」などと言います。どうやら宿題と片づけには、子どもの未来に対する不安がギュっと詰まっているようなのです。

しかし親御さんには、宿題も、片づけも、どちらも「意識の外に置いてください」と私たちはお伝えするようにしています。私たちの「ペアレンティング・トレーニング」の理論では、宿題をやらなくても、片づけができなくても、生死に関わるわけではありませんので、「軸」には抵触しないと考えます。

今回のタイガのケースのように、「学校から帰ってきたらすぐに」「宿題が終わるまでは遊ばせない」というやり方は、なぜそうしなければならないのかというロジックが成り立ちません。家庭の「軸」として、子どもを納得させることは難しいのです。

また、子どもたちは、算数の時間に計算をしたり、体育で走ったり、休み時間に友達と遊んだり……毎日9時間近くを学校で過ごしています。脳は長時間活動し続けると疲弊します。重要なのは適度な「脳休め」です。子どもが帰ってすぐに「遊んでいないで勉強をしなさい」と言い、宿題が終わるまで机を離れないように見張るのは、むしろ、子どもの脳の発達を阻害する行為だと思ってください。タイガが脳を休めるために授業中に居眠りをするようになってしまったのも当然です。

「宿題をしない」ことで死にはしませんが、「宿題を強いる」ことで子どもがダメになる例を、私たちは今まで数多く見てきました。特に近年は、中学受験のプレッシャーから、授業中の居眠りはもちろん、脱毛症、強迫性障害など強い不安を示す症状を呈する例もあります。

子どもの脳をダメにしてまで宿題をさせる必要はありません。

「学校から言われているのだからやらせないと！」と必死になる親御さんは多いものです。しかし、まずは、「わが子の脳を発達させるために本当によい家庭生活とはどのようなものだろう？」とじっくり考えてみていただければ幸いです。

学校のモノサシだけに惑わされて、親が子どもに宿題を強いる必要があるのでしょうか。「ペアレンティング・トレーニング」では、宿題はあくまで子ども個人の、家庭外にある社会生活の課題と考えます。

宿題をやらなくて、先生に怒られるのは子ども自身です。子どもは怒られるのが嫌だと考えたり、勉強することが重要だと考えたりすれば、自ら宿題をやるようになります。これこそが、子ども自身の「こころの脳」（前頭葉と間脳・脳幹をつなぐ神経回路）の育ちです。親が強制的にやらせているだけでは、この脳の育ちはいつまでたっても促されません。

何度も言う通り、親が持っていいのは、家庭生活の「軸」だけです。子どもの脳育てのために、安定した生活習慣と、脳へのいい刺激となる言葉を与え続けることだけに専念しましょう。

一度に集中できる時間は「学年×5分」が限界

そもそも、小学校低学年の子どもの集中力はそんなに長くは続きません。

前述のように脳は疲れやすい臓器ですので、一度に集中できる時間は「学年×5分」くらいが限界と思っていただくとスムーズです。1年生なら、「1×5＝5分」ということになります。

「机に向かう習慣づけをする」という考え自体は悪くないと思います。しかし、習慣づけたいのであれば、宿題が終わるまで無理矢理机に向かわせるのは効果がありません。「勉強やってみようか！　でも1年生だし、5分しか集中力が持たないから、5分タイマーをかけるね。今日は5分で何をする？」などと声をかけます。

繰り返しますが、勉強は親のためにではなく、自分のためにやるものです。ですので、勉強計画は、なるべく子どもに立てさせましょう。

たとえば、子どもが自分自身で「5分で漢字ドリルを1行埋める」と決めたとします。親としては、「5分あればもっとできるんじゃない？」と思いますが、そこはひとまず何も言わずに、「知恵者」の「一枚上手」な態度で子どもに接します。

目標の分量ができてしまったなら、「5分もかからずに、こんなにできたなんてすごいね！」とできたことを認めてあげましょう。子どもはうれしくなって、「まだ4

分残ってるし、あと5行やってみようかな」などと言い出すかもしれません。やりたいと言ったときには継続します。また時間以内にできたら、「すごいね！　6行もできちゃったじゃん！」と認めてあげます。学校の宿題が実は30行だったとしても、親が「そこまでは絶対にやらせなければ」と思い込む必要はありません。

子ども自身が5分以上もっとやりたいと言うなら、またタイマーを使って目標を立てて取り組みます。もし、疲れたからやめるというならそこでやめます。

このように短時間に集中して脳を働かせる訓練は、生涯にわたって時間を効率的に使える勉強法の確立につながります。

また、勉強をする前に、遊んでからだを動かした方が子どもの集中力は高まります。中でも効果があるのが、くすぐりっこやおしくらまんじゅうのように、ルールがなく自由にからだを触れ合わせる「じゃれつき遊び」です。

次のページの図で示したように、私たちの行った実験で、「じゃれつき遊び」をした後には、前頭葉の「抑制機能」がアップすることがわかっています。前頭葉には、

じゃれつき遊びによるストループ正解数の変化（2009年）

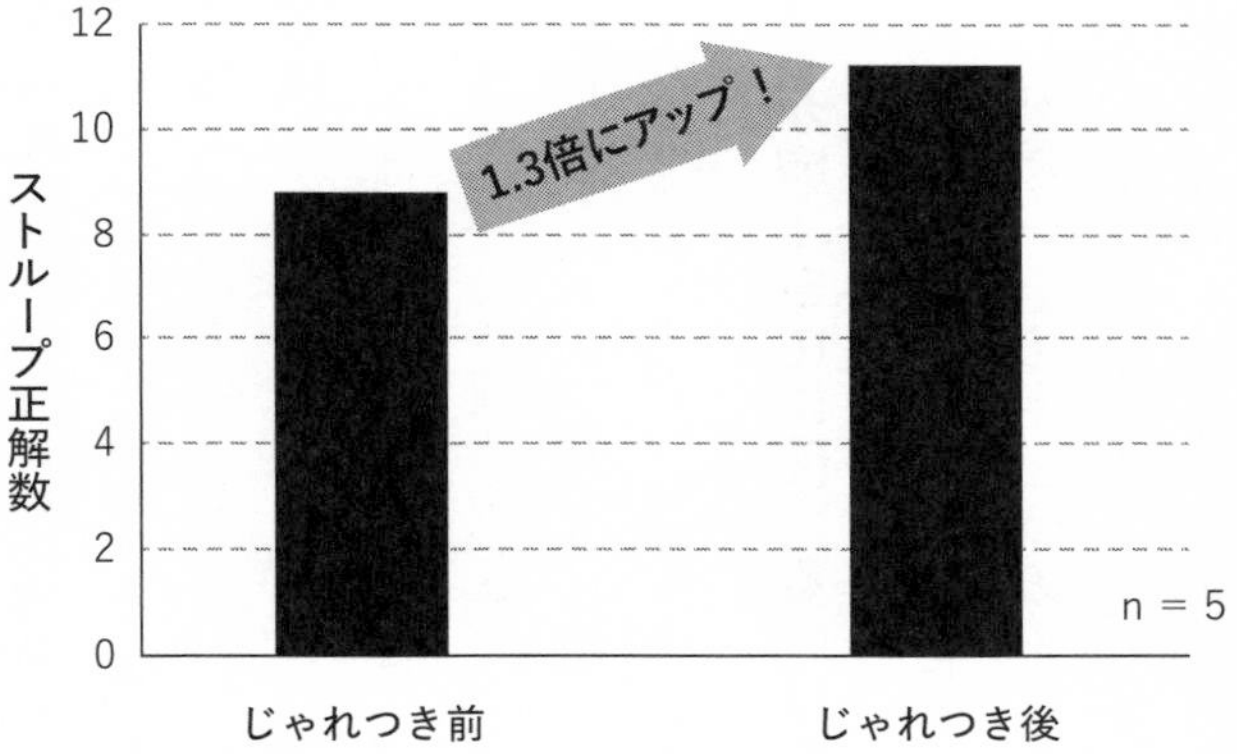

15分間ほど小学生と大学生を自由にじゃれついて遊ばせ、その前後にストループテスト(※)を実施。正解数が平均で1.3倍増加した（＝前頭葉の「抑制機能」がアップ）。

※ストループテストとは？
「あか」「あお」「みどり」「きいろ」のいずれかの文字が、「赤色」「青色」「緑色」「黄色」のいずれかの色で書かれているカードを見て、瞬時に「文字の色」が何色かを答えるもの。つまり、「みどり」と赤色で書かれていたり、「あお」と黄色で書かれていたりするカードの「文字の色」を瞬時に判断する必要がある。

人間の脳では、一般的に文字情報が色情報より早く処理されるため、「みどり」と赤色で書かれていた場合、「緑色」と間違えやすい（正解は赤色）。前頭葉の「抑制機能」の高さは、この不一致課題をどれくらい素早く、正確に答えを出せるかで測ることができる。

入ってきた刺激に瞬時に反応するのではなく、いったんその情報を判断して抑制した上で、正しい考え方を選択する「抑制機能」というものがあります。

抑制機能が高いということは、短絡的な衝動に囚われず、勉強などの物事に集中して取り組めるということです。いわゆる発達障害の一つであるＡＤＨＤ（注意欠如・多動症）の脳は、抑制機能が相対的に低いことも報告されています。

帰ってきてすぐの子どもの脳は、学校での活動が終わって疲れ切っています。すぐに机に向かわせるのではなく、「じゃれつき遊び」をして集中力を高めてから、タイマーで時間を計りながら勉強をするのがおすすめです。

子どもが家で自由に使えるのはたったの1時間半

序章で、子どもの脳育ての土台となるのは、「からだの脳」（間脳・脳幹）だという話をしました。さらに、「からだの脳」は、太陽のリズムに合わせて早寝早起きをして、たっぷりと睡眠を取ることによってしか育たないという話もしました。

小学生なら、１日最低9時間の睡眠が脳には必要です。

1日は24時間しかありません。学校で過ごす時間が9時間、友達との放課後遊びが1時間半、家に帰ってからの食事やお風呂などの生活に欠かせない行動に3時間かかるという前提で計算をすると、家で何かを自由にできる「フリータイム」はわずか1時間半しかありません。

その1時間半をどのように使うかで、子どもの脳育ちは大きく変わってきます。

先にも述べた通り、学校から帰ってきた子どもの脳は疲弊しています。「うちは夕食が済んでから勉強をやらせているので大丈夫」と考える親御さんもいるかもしれません。しかし、夕食後の勉強は、より一層子どもの脳を疲れさせてしまいます。

夕食後は、消化に多くのエネルギーが消費されます。夕食後に勉強するということは、朝から止まらずに走り続けてきたオーバーヒート寸前の車を、さらにアクセルを踏み込んで無理に走らせるのと同じです。いつ脳がオーバーヒートしてもおかしくありません。

「朝勉」で前頭葉の情報処理神経を鍛える

どんな方法を取るにせよ、夜、子どもに勉強をさせるのは、子どもの脳に大きな負担がかかります。私たちは、勉強をするなら、心身の疲れが睡眠でリセットされた朝に行うのを推奨しています。

たとえば、朝6時半から朝食を食べ始めるなら、5時に起床する。すべてを勉強に充てるのではなく、読書をしたり、プラモデルを作ったりするなど趣味の時間にも充ててみましょう。

脳の司令塔である前頭葉は、行動の開始、論理的な思考と判断、計画、情緒、短期記憶、行動の抑制、自己の客観化、空間認知、注意・集中、言語表出など、さまざまな高次機能をつかさどっています。学校の勉強以外に家庭生活からさまざまな刺激を入れることも、脳を育てる活動です。ときどきはメニューを変えて、親子で散歩をしたり、ちょっとした運動をしたりするのもいいでしょう。太陽の光をいっぱい浴びながら散歩や運動をすると、「ハッピーホルモン」であるセロトニンの分泌が活発化します。

また、朝に勉強をすることは入学試験などのテストのための訓練にもなります。試験では、短時間に多くの問題を処理できる方が優位に立てます。短時間にいかに多くの情報を処理するかに関わっているのは、前頭葉です。「朝勉」は、登校時刻という

小学生の理想的な生活時間

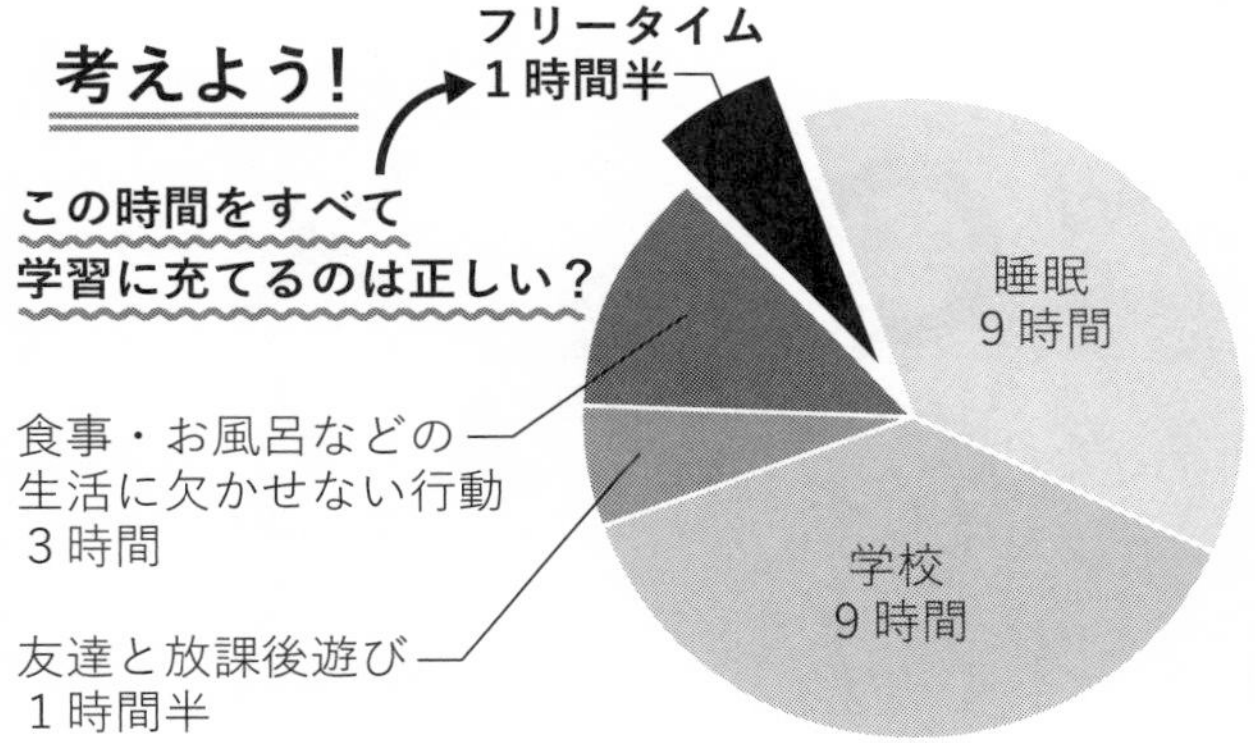

タイムリミットがあるので、自然と短時間で集中する癖がつきます。つまり、毎日「朝勉」を続けることで、自然に前頭葉の情報処理神経を太く、速くすることができるのです。

朝は睡眠によって脳がリフレッシュしているので、夜より作業効率が格段にアップします。たとえば夜に全く進まなかった課題を、朝なら30分で終わらせることができたりします。日本には「早起きは三文の徳」、海外にも「The early bird catches the worm.」という言葉があります。早起きは、脳育ての観点から見ても得るものが大きいと思います。

Case 12

×

「あなたにも悪いところがあったんじゃない？」

○

「そっかあ、××くんが叩いてきたんだ」

Episode

僕、悪くないもん！

ケン（小４）

泥だらけで帰ってきたケン。幼なじみの××とケンカをした様子。「だって、××が叩いてきたんだもん」とケン。しかし、××は何の理由もなく叩くような子ではないことを母親は知っています。「あなたにも悪いところがあったんじゃない？」と母親。母親はケンが間違っていることを言ったときには、いつもその場で正すことにしています。

そんなある日――。ケンはまた泥だらけになって帰ってきました。「ケンカしたんでしょ」と聞く母親に、「別に」とケン。それでもさらに詳しく聞こうとする母親を、「うるさいなあ！」とケンは乱暴にはねのけました。

「オウム返し」で感情を吐き出させる

小学校中学年頃になると、子どもは前頭葉を使って、自分を正当化する論理を言いがちになります。それに対してつい正論を言いたくなりますが、ひとまず「泳がせる」のが親の役割です。

ケンカをした後は感情が高ぶっています。そこで正論を言っても反発を生むだけ。ケンのケースのように、「どうせ話しても怒られるだけだし」と親とのコミュニケーションはどんどん疎遠になり、最終的には暴力的な態度まで取り始めてしまいます。

子どもが感情的になっているときは、「オウム返し」が基本です。「××が叩いてきたんだもん」と言ったら、「そっかあ、××くんが叩いてきたんだ」とオウム返し。親の意見は一切言わずに、次の子どもの言葉を待ちます。「××はさあ、この前もひどいこと言っててさあ」と言ったら、これもオウム返し。これを子どもの気が済むまで繰り返します。聞けば聞くほど、正論を言いたくなってくるかもしれませんが、わが子のケンカのジャッジをするのはやめましょう。

子どもが感情を吐き出して落ち着いてきたら、「おいしいおやつがあるよ」「お風呂が沸いているから入ったら」などと、その子がリラックスできるような状況をつくってあげます。そうなったら、いよいよ脳育ての時間の到来です。冷静になってくると、「最初に僕が××の悪口言ったんだ。そうしたら××が怒ってさ、僕を叩いてきたんだ……」などと、子どもはポツポツと本音を語り始めます。このときも、親はひたすらオウム返しをするだけです。

最初に「からだの脳」（間脳・脳幹）で感情的に反応してしまったけれど、落ち着いたら、前頭葉を使って考えていく。ケンカの原因、解決法を考えることは、論理思考のトレーニングとなります。子どもの考えがまとまってきたら、ようやく親の出番です。「どうしたらいいと思う？」と促しましょう。子どもは自分自身の脳で考えて、「明日謝りに行こうと思う」などの答えを出すはずです。

親は子どもに自分で考えられるように促すのが役目です。手を貸さずに促すことで、子どもは一人でできることがどんどん増えていきます。そうして親は子どもに対する「心配」を手放し、「信頼」の割合を増やしていけるのです。

Case 13

×

「（ランドセルに）ちゃんと給食袋入れた？」

○

「（先生に）いつも忘れ物が多くて、申し訳ありません！」

Episode

お母さんが全部教えてくれる

ノゾミ（小３）

忘れ物の多いノゾミ。心配な母親は「ちゃんと給食袋入れた？」と持ち物の確認を毎日欠かしません。「読書感想文にはこの本を読むといいわよ」「こっちの服の方が似合うわよ」……母親はノゾミが４年生になっても、中学生になっても、学校や生活のあらゆるアドバイスを続けました。

そうして月日は流れ、ノゾミも高校３年生――。

「お母さん、大変！　このままだと留年しちゃう！」

単位制の高校に行っているのですが、単位の取り方を間違えてしまいました。母親がいないと何一つできない人間に育ってしまったのです。

過干渉で何もできない子に育つ

ノゾミの母親のように過干渉になってしまうと、一人では何もできない子に育ってしまいます。

失敗は、「脳育て」における最大のチャンスです。子どもの先回りをして、「失敗しないように」フォローするのではなく、「失敗をした後」にフォローするのが親の役目。生死に関わらない、かすり傷くらいの失敗なら、積極的にさせていくべきです。

失敗により、子どもは「次回はこうすれば大丈夫なはず」と計画を立てて行動するようになります。計画を立てて行動することは、前頭葉をフル活用することです。

「失敗しそうだな……」と思っても、親は「一枚上手」な「知恵者」として、見て見ぬふりをし、子どもを「泳がせ」ましょう。そして、失敗をしてから登場し、オウム返しに、子どものありのままを「認めて」あげればいいのです。

子どもは失敗したことで、しばらくは混乱したり、落ち込んだりするかもしれません。そのようなときは、子どもの気が済むまで話を聞いて、「そうだったんだね」と共感し続けましょう。親が「傾聴」「共感」の態度を取り続けていれば、だんだん子どもの不安はなくなり、必ず自分で解決方法を見つけ出します。そうやって、少しずつ「信頼」を増やしていき、「心配」を手放していきましょう。

「忘れ物」は大した問題ではない

忘れ物をしても死にはしませんし、かすり傷すらできません。しかし、「宿題」や「片づけ」だけでなく、「忘れ物」にも過敏すぎる親御さんが多いように思います。

私たちのところに来る親御さんからも、「子どもの忘れ物をどうしたら減らせますか」というご相談を受けることはとても多いです。そんなときは、まず親御さんに、「お子さんは忘れ物をして、困っていますか？」と聞くようにしています。

ほとんどの親御さんは、「あまり困っていないようなんですよね」と、呆れたように答えます。ある親御さんは、「忘れても、何だかみんながこぞって貸してくれるらしいです。この間消しゴムを忘れたときなんか、『5個も集まっちゃった！』と言ってました」とため息交じりに答えました。

しかし、これこそが、「家庭外の社会生活」の成功パターンです。私たちは、「お母さん、失敗をすることでお子さんの脳はしっかり育っていますよ。胸を張ってくださいね」とお伝えしました。確かに、「次は忘れ物をしない」という解決方法も重要なのかもしれません。しかし、社会に出てからは、困ったとき、「誰かに貸してもらうこと」で解決できるスキルもとても重要です。人間、誰しも一人では生きられません。自分ができないこと、至らないことは周囲の人々に相談して助けてもらう。これが社会生活の基本です。

意外なことに、忘れ物が多い子どもたちは、成長するにつれて、少しずつ、本当に大事なモノは忘れないようになっていきます。前頭葉が育って、自分をもっとよくしたい、社会で役に立つ人間になりたいと考えるようになるからです。

「忘れ物ばかりしていて大丈夫だろうか？」と親が気をもむ必要はありません。「子どもが学校で困るのはかわいそうだから」と先回りして、忘れないように親がいちいち準備をすると、子どもの脳がダメになってしまうこともあります。

「忘れ物をする」という失敗は、子どもの脳を大きく育てます。忘れ物をしたときに、どうすべきなのかを、すべて自分で判断して行動しなければならないからです。友達に借りる、代替品になるものがないか考えてみる、先生に頼んでみる……失敗を乗り越えるために、脳をフル回転させる必要があります。「子どもの脳が成長する」ということは、困ったときに対処できるさまざまな力をつけていくことなのです。

学校は、親が評価してはいけない、子どもたちが生きている社会です。親は子どもが成長している過程において、「忘れ物が多い」ことを含めて、子どもを丸ごと認め続けさえすればいいのです。子ども自身が本当に必要だと思えば、いつだって、子どもは自主的に行動を修正することができます。

ただし、「大人のルール」の観点からすれば、忘れ物をして授業の進行を妨げるなど、先生には迷惑をかけている可能性があります。ですので、「大人」である親は、先生に「いつも忘れ物が多くて、申し訳ありません！」と代わりに謝るのです。そして、「あなたの代わりに先生に謝ってきたよ」と子どもに伝える。そこで子どもがいかに考え、どのように行動を変えていくかが脳を育てる鍵になるのです。

Case 14

×

「（「塾をやめたい」と言う子どもに）
もう少しだけ頑張ってみなさい」

○

「へえ、やめたいんだ」

Episode

頑張り続けなきゃいけない

ワタル（中2）

進学塾に通うワタル。ある日、母親に「やめたい」と打ち明けました。母親はワタルが弱音を吐いたときには必ず、「もう少しだけ頑張ってみなさい」とアドバイスをします。そうすることで、今までさまざまな危機を乗り越えてきたからです。ワタルは塾に通い続けることにしました。

そんなある日――。ワタルはささいな理由から、友達とケンカをしてしまいます。

「もう無理！」

ワタルはその翌日から、部屋に引きこもるようになってしまいました。

意見やアドバイスは差し挟まず、子どもの話を傾聴する

子どもが塾や習い事を「やめたい」と言うと、「こんなことでは、何をやっても続かなくなる」「ここで挫折したら、一生負け組だ」などと言って、必死になって反対する親御さんたちがいます。

ワタルは中2なので、脳育ての段階でいえば、もう前頭葉がかなり育ってきています。「塾をやめたい」と言ったのは、自分なりにしっかり考えてのことでしょう。

親は自分の思いを受け入れてくれるのか、ワタルの心は不安でいっぱいです。感情的な気持ちを静めるために、まずは、「へえ、やめたいんだ」と「オウム返し」をすることから始めてみましょう。

すでに前頭葉が発達しているので、親に本当のことを言うのが気恥ずかしくて、最初は「いやあ、もっと家でゲームをしたいんだよね」などと、論理が破綻しているようなことをわざと言ってくるかもしれません。そうだとしても、「なるほど、もっとゲームがしたいからやめたいわけだね。君はそう考えてるんだ」などと真顔でオウム

返しをしていきましょう。

不安が落ち着いてきたら、そのうち子どもの方から本音を話し始めるでしょう。「私立のS高校に行くために頑張ってたんだけど、やっぱ、そこまで成績伸びないなって、自分の限界がわかってきちゃったんだよね。じゃあ、私立じゃなくても、公立でもいいかなって思って。それなら、塾でそこまで頑張る必要ないし……」と本人なりのロジックを使って、説明してくれるでしょう。そこでも、親は意見やアドバイスなどは一切せずに、子どもの気持ちを根こそぎ拾ってあげます。

最終的に、それが彼自身の譲れない結論であるとすれば、それを呑《の》むことも必要だと思います。親がもったいないと思い、「もう少しだけ頑張ってみなさい」と無理に続けさせるのはいけません。ここで無理をして塾に通い続けると、ワタルの脳内は不安でいっぱいになってしまいます。

不安は風船のようにギリギリまで膨らみ、あるとき、友人とケンカするなどの新たな不安要因が加わることで、ワタルのケースのように、一気に爆発しかねません。

親はいつも「一枚上手」の「知恵者」として振る舞う

「塾をやめる」と決めたら、子どもにネガティブな気持ちを抱かせないように、親は「知恵者」として振る舞わなければいけません。

ユーモアのある言葉を使って、「塾のお金かからなくなったからさあ、その8000円をマッサージに使わせてもらうね」などと言ってみましょう。「何でオレに回ってこないんだよ〜！」などと子どもがツッコミを入れれば、笑いに変換することができます。笑いに変えることで、「塾をやめるって言うと、お母さんに怒られるかもしれない」「お母さんにがっかりされて突き放されるかもしれない」などと思っていた子どもの気持ちはスーッと軽くなっていきます。深刻な気持ちはどこかに消え、「何これ？」と肩透かしをくったような気持ちになるでしょう。

塾をやめたからといって、死ぬわけではありません。もちろん、塾は家庭生活の外のことですから、家庭生活の「軸」にも全く抵触しません。

むしろ、一度やめてみて、自分なりに冷静に前頭葉で考え、また頑張ってみようと思う子どもたちも結構います。やめた後に、子どもたちをいかにポジティブな方向に転換させられるか。それが親の力の見せどころなのだと思います。

3歳、4歳の「やりたい！」は鵜呑みにしない

3歳とか4歳の子どもが「やりたい！」「楽しい！」と言ったからと、塾や習い事を始めさせるケースを最近多く見受けます。

しかし、この年齢の子どもの言うことは鵜呑《うの》みにしないようにしましょう。この年齢は、まだまだ自分で考えて行動する脳が育っていません。親から見て全く向いていないように見えたり、サボっているように見えたりするなら、やめさせてOKです。

幼児期は無理に習い事をさせるよりも、親子で一緒に遊んだり、出かけたり、できるだけさまざまな経験をさせてあげる方がいいでしょう。脳は、同じ刺激を与え続けられるよりも、多種多様な刺激を与え続けられることで活性化するからです。

多種多様なコミュニケーションを楽しむことが、子どもの脳を豊かに育てることに役立ちます。

「学校に行きたくない」も脳育ての糧

「もう少しだけ頑張りなさい」は、「学校に行きたくない」と子どもが言い出したときにも使われる言葉です。「子育て科学アクシス」で「ペアレンティング・トレーニング」を学ばれている親御さんで、次のようなケースがありました。

ユカ（小4）はある日、「学校に行きたくない」と言い出しました。

母親は、私たちの理論を学んでいるので、慌てずに、「そうなのね、行きたくないのね」とオウム返しをしました。すると、「うん、担任の先生がいつも怒鳴ってて、その声が怖いの」とユカは休みたい理由を話し始めました。

「いいよ。でも、ズル休みだから、家には一人で置いておけないよ。じゃあ、一緒にお母さんと出かけようか！」と母親はユカを自分の職場に連れて行くことにしました。

母親の同僚はユカも知っている人ばかり。みんなやさしく迎え入れてくれるのですが、最初に必ずみんなから「あれ？　ユカちゃん、学校は？」と聞かれます。ユカは母親に「ズル休みであることを隠さないこと」と約束をしていたので、その度に「今日はズル休みなの」と答えました。仕事が始まると、母親はもちろん、誰もユカの相手をしてくれません。ユカは休憩室の片隅で、一人で絵を描いて過ごすしかありませんでした。

1日が終わり、家に帰ってくると、「明日から学校に行くことにする」とユカ。「今日1日、とっても退屈だった。先生が嫌いでも、学校に行く方がましな気がしてきた」と続けました。ユカは、1日学校を休むことにより、自分なりに前頭葉を使って考えて、「学校に行きたくない」という問題に対する答えを出したのです。

もし子どもに「学校に行きたくない」と言われたら、そのネガティブな気持ちを親はいったん受け止めて、その上で、「考えるための材料」を与えてみましょう。ユカの場合は、母の職場という普段と異なる環境で一人きりで過ごすことが、「考えるための材料」でした。

どんなトラブルも、脳を成長させる糧です。あくまで答えを出すのは、子ども自身。大人は、子どもに気がつかれないようにさりげなく、その手を差し伸べてあげましょう。

Case 15

×

「（子ども部屋をのぞいて）ちゃんと勉強してる？」

○

「勉強を頑張るあなたに、夜食をお作りします」

Episode

自分の部屋を干渉されてうざい

コウタロウ（中1）

広めの家に引っ越したため、自分の部屋をもらったコウタロウ。自分の部屋にいることが多くなりました。何をしているかさっぱりわからなくなったので、心配し始めた父親。「ちゃんと勉強してる？　ゲームしてるんじゃないよな？」などと毎日子ども部屋をのぞくようになりました。

そんなある日――。いつものように部屋をのぞいた父親に、「うぜえんだよ！」とコウタロウの怒りが爆発。

コウタロウは部屋に鍵をかけ、それ以来、父親は部屋を二度とのぞくことができなくなってしまいました。

子ども部屋には一切干渉しない

私たちは、子どもに部屋を与えたのであれば、そこは子どもの「治外法権」スペースにして一切干渉しないというのを基本的なスタンスとしています。

「ちゃんと勉強してる？　ゲームしてるんじゃないよな？」と言われると、子どもは自分が信頼されていないと感じます。部屋を与えた以上、あれこれ詮索はせずに、子どもを信頼して任せるしかありません。

私たちのところに来た親御さんの中にこんな方がいました。

中学生の子どもがいないときに部屋に勝手に入って、掃除をして、こっそり引き出しを開けて、スマホのロックを解除して、ＬＩＮＥでのやりとりを読んでいるというのです。「子どもが心配だから」と言い訳をされていましたが、これこそが「ペアレンティング・トレーニング」でいうところの、「信頼と心配」の割合の配分間違いです。

中学生の年齢では、「信頼」が50％以上にならなければなりません。

親は心配な気持ちを抑え、「頑張って信頼する」ことで心配を減らしていきましょう。親がこそこそ部屋を調べていることは、子どもにすぐに察知されます。親が子どもを信頼しないと、子どもの親に対する信頼も構築できません。

「親から信頼されていない」というメッセージは、同時に「お前はダメな人間だ」というメッセージとして子どもに伝わります。それは、子どもの脳へのストレスとなり、コウタロウのように反抗的になってしまったり、親とのコミュニケーションを拒否するようになってしまったりするでしょう。

もし、どうしても様子が気になるのなら、部屋をのぞいて「勉強を頑張るあなたに、夜食をお作りします」と言ってみるのはどうでしょう。信頼しているということを示すために、「勉強を頑張るあなたに」と、勉強をしていることを前提に声をかけるのです。

「何でも作ってあげるよ」「じゃあ、鍋焼きうどんをお願いします！」「え〜、鍋焼きうどんは面倒くさいなあ」「今、何でもいいって言ったじゃん」などと、勉強中のブレイクタイムの楽しい会話で、子どもの脳育てを促す知恵も絞ります。

そんなふうに声をかけられたとしたら、もし勉強していない場合には、「ヤベッ！」

と思い、慌てて勉強するようになるのではないでしょうか。

父親は否定的な言葉で子どもの注意をひきがち

ところで、「ちゃんと勉強してる？　ゲームしてるんじゃないよな？」といった否定的なコミュニケーションを取るのは、私たちの見ている限りでは圧倒的に父親が多いです。

父親が否定的な言葉を投げかけるのは、相手がわかりやすく反応してくれるからだと思っています。父親は母親に比べて、子どもとのコミュニケーションが不得手な人が多いので、軽口を言うことで子どもの注意をひきたいのです。

たとえば、就職活動中の子どもが面接をするためにスーツを着てリビングをうろうろしていたら、父親は「おっ、一丁前に社会人面してるな」などと、子どもをイジることが多いです。母親なら、そのような言い方はあまりしません。「スーツを着ると、すごく大人っぽく見えていいね」などと、子どもがうれしい気持ちになるような言い方をすると思います。

子どもに対して、否定的な言葉を使っていないか。特に父親は一度振り返ってみることをおすすめします。

子ども部屋は「寝るだけの部屋」にする

子ども部屋は、できるだけ「寝るだけの部屋」にしましょう。

たとえば、リビングに家族全員の机を置いて、親も勉強や作業をする姿をきちんと見せる。さらに、だらだらするのではなく、時間を決めて効率的に集中して取り組んで、終わったらくつろぐ姿も見せる。自然と、子どもにも同じ習慣が身につくので効果的です。

意外に思うかもしれませんが、欧米には「勉強部屋」的なものはほとんどありません。生まれたときから個室で寝かせるので、それぞれの寝室はありますが、これはほぼ「寝るだけの部屋」です。寝室以外には、「リビングルーム」と「ファミリールーム」と呼ばれる部屋があって、「ファミリールーム」にしかテレビがないという家が一般的です。

ベッドがあって、テレビもあって、パソコンもあって、エアコンまで完備されている。フルスペックの日本の「勉強部屋」のスタイルは、日本独自の文化のような気がします。

「寝るだけの部屋」にしてしまえば、子どもが部屋にこもって、エアコン完備の快適な空間で、ゲームをしたり、テレビを見たり、パソコンで遊んだりすることは物理的にできなくなります。そうすれば、「ゲームしてるんじゃないか？」「変なサイトを見てるんじゃないか？」などと気をもむことも一切なくなります。

ただ、そうは言ってもやはり、勉強部屋があった方がいいと考える方も多いでしょう。その場合には、ベッド、机、必要最低限の家具しか置かないようにすることをおすすめします。そして、部屋を与えたからには、そこは子どもの「治外法権」と思って、介入することは一切やめましょう。

「そこはあなたの場所なので、立ち入らないし、掃除もしませんので、自分で整えてください」と信頼して任せた方が、子どもたちは案外きれいにするものです。

このように、子ども部屋の問題は、親が子どもをどれだけ信頼して任せられるか否かの試金石でもあるのです。

第4章

子ども「社会性」を奪う言葉

Case 16

×

「嘘をつくんじゃありません！本当のことを言いなさい」

○

（しばらく「泳がせて」から）「本当はそうじゃなかったよね？」

Episode

嘘を言ってごまかしたい

ユウセイ（小6）

誰もいない家の中でサッカーのリフティングをして、陶器の人形を割ってしまったユウセイ。ごまかすために人形を捨ててしまいました。

「あの人形、どこにいったのかな」との母親からの質問に、「知らない」と返すユウセイ。母親は察して、「嘘をつくんじゃありません！　本当のことを言いなさい」と問い詰めました。最近嘘が多いので、父親にも厳しく叱ってもらいました。

ある日、ユウセイが学校から帰ってくると、テーブルの上に母親の財布が置かれていました。持って出るのを忘れたようです。

ユウセイは財布を開き、そっと1万円札を抜き取りました。

子どもの嘘は親が原因

「嘘つきは泥棒の始まり」という言葉があります。

確かに、ユウセイは嘘をついたことをきっかけに、財布からお金を盗む「泥棒」になってしまったように見えます。しかし、これは嘘をついたから泥棒になったのではありません。親に「嘘をつくんじゃありません！」と叱られ続けることで、不安とストレスが高まったことから攻撃性・衝動性が生じたのです。

子どもが嘘をつく理由は、多くの場合、本人ではなく親にあります。

子どもは、親に「怒られる」「悲しまれる」「否定される」などと思うから嘘をつくのです。これは、親によく思われていたい、嫌われたくないという不安な気持ちの表れです。

子どもの嘘に気づいたとしても、その場で指摘するのではなく、「泳がせる」ことをおすすめします。そして、また似たような嘘をついたときに、「あのときもさ、本当はそうじゃなかったよね？」などとさりげなく切り出すのです。

子どもが「ひょっとしてバレてる!?」という顔を見せたら、「悪いけど、お母さんには全部お見通しだよ」と伝えましょう。「嘘をついてもすぐバレる」と子どもが思ったらしめたものです。「お母さんにはかなわないや。どうせ、嘘をついてもバレるんだから」と思うようになり、嘘はつかなくなるでしょう。

「嘘」をついても泥棒になるわけではない

人間は誰しも清廉潔白ではありません。ところがなぜか、親になると、「私は嘘をつきません。完璧な人間です」という心持ちになってしまう方がいます。

これは、「嘘つきは泥棒の始まり」の呪縛があるからだと思われます。小さい子の小さな見え透いた嘘に、無意識にその子の将来像を重ねて「この子は犯罪者になってしまうのでは？」と怯える親御さんをたくさん見てきました。でも、よく思い出してみてください。親御さん自身にも心当たりはありませんか？　幼い頃「つい」ついてしまった小さな嘘……でも、泥棒になってはいませんよね。

「嘘も方便」という言葉もあります。むしろ、大人になってから「方便」の嘘を上手につくことで、人間関係を円滑に築いてきた部分もあるのではないでしょうか。たとえば体調があまりすぐれない、気分がそれほど乗らないときに友人との約束を「ごめんね、今日、家の手伝いを頼まれてどうしても断れなくて」と言ってキャンセルしたりすることは、実は「ペアレンティング・トレーニング」ではとても大切だと考えます。

外の社会の人間関係も大切ですが、その前にまず自分のからだの状態を健康に保つために、家庭生活を整えるのを優先することを強く推奨します。そのためには「嘘も方便」は一つのスキルになりえます。

不安があるから嘘をつく

「子育て科学アクシス」で学ばれている親御さんの成功事例をご紹介しましょう。

ＫＵＭＯＮに通っているノリカ（小４）。「ちゃんと宿題やってるよ！」といつも口では言うのですが、プリントを確認してみると毎回、全然やっていません。もうすでにバレバレなのですが、「ペアレンティング・トレーニング」を学んでいるお母さんは、しばらく「泳がせる」ことにしました。

そしてある日――。白紙のプリントをノリカに見せながら、「真っ白で何も書いてないように見えるんだけど、あぶりだしたら文字が浮き上がってくるのかな～？」とついに聞いてみました。「何だ、バレてたんだ！」と呆気にとられるノリカ。その後は、「今日も宿題やってない！」と正直に話すようになったそうです。

お母さんが「何で正直に言うようになったの？」と聞くと、「嘘をついてもお母さんにはすぐにバレることがわかったから、やめた」とノリカ。嘘がバレてからというもの、「宿題を全然やって行かないから、今日も先生に怒られたんだよね～」などということも普通に話すようになったそうです。

子どもは、本当は嘘なんてつきたくないのです。親に怒られないか、嫌われないかと不安だから嘘をついてしまう。「嘘をついてもすぐにバレる」とわかれば、親に嘘をつくメリットはなくなります。

嘘の根底にあるのは、子どもの不安なのです。

Case 17

×

「大人の世界は、
もっと大変なんだから頑張れ」

○

「どんなことが
大変なのか教えて」

Episode

「しんどい」って言っちゃダメ？

ヒナコ（中1）

「しんどい」とすぐに弱音を吐いてしまうヒナコ。父親はその度に、「大人の世界はもっと大変なんだぞ。頑張りなさい」と叱咤激励《しったげきれい》します。そして毎回、「会社員になると、通勤ラッシュが当たり前で、残業もあって、休みも少なくて……」と、自分の仕事の大変さを滔々《とうとう》と語り始めます。

そんなある日――。ヒナコは、学校で「将来の夢」という作文を書きました。そこには、「私は将来に夢を持てません。お父さんが働いているのを見ていると、社会に出たらいいことがあるように少しも思えないからです」と書かれてありました。

「大人の世界」の常識を押しつけてはいけない

「大人の世界はもっと大変なんだから」も、親が子どもに言いがちな言葉です。「大人の世界は……」という言葉をよく発するのは、私たちが知っている限り、父親が多いようにも思います。

しかし、「子どもの世界」と「大人の世界」は別物です。ヒナコが感じている大変さと、父親が感じている大変さは、同じレベルで語られるべきものではありません。ヒナコの父親は、「頑張りなさい」と言っていますが、子どもが「しんどい」と不安に感じているときに「頑張れ」と言うのは逆効果です。親は励ますのではなく、子どもの言葉に耳を傾けるべきです。「どんなことが大変なのか教えて」と言葉をかけて、不安を受け止めてあげましょう。

ようやく子どもが不安を語り始めても、正論やアドバイスはNG。そこはじっと我慢で、「オウム返し」に徹しましょう。

子どもの気持ちが落ち着いてきたら、正論やアドバイスをするのではなく、自分が子どもと同じ頃に悩んでいたことなどを語るのがいいでしょう。

「お父さんも同じくらいの年頃に、どうしても学校へ行きたくなくて、学校へ行くふりをして公園で時間をつぶしていたことがあるんだ」などと話すと、「へえ、お父さんもそんなことがあったの！」と子どもの不安はさらに消えていきます。

エピソードは、必ずしも実話である必要はありません。子どもの悩みに合う題材を選んで話してあげるのが、「一枚上手」である親の役割です。

「仕事の大変さ」を知ることは「大人社会」を知ること

「大人の世界は……」という言葉は使ってほしくありませんが、その前置きさえなければ、父親が自分の仕事の大変さを語るのは、そんなに悪いことではないと思います。むしろ、「会社でこんなことがあってね」と仕事上の悩みを子どもに話してみましょう。

たとえば、「上司にギリギリのスケジュールを組まれると、急がないといけないからみんな疲れてしまって、いい仕事ができなくなってしまうんだ。そうすると、また上司が怒って……。やっぱり仕事はギリギリでなく、余裕を持って進めないとダメだよね」という感じです。

父親がどんな仕事をしていて、どんなふうに大変かを知ることは、大人社会を知ることです。知らない世界について知ることは、子どもの脳への刺激となり、脳を豊かに育ててくれます。

父親が言い過ぎたら、母親の出番

しかし、ヒナコの父親は、「適度に」仕事の大変さを語るのではなく、自分の仕事の大変さを「過剰に」語ってしまいました。

もし、父親が子どもに「言い過ぎてしまっている」と感じたら、母親の出番です。とはいっても、父親に「お父さん、そんな言い方はしないで、もっといいことも言ってあげて」と面と向かって言うのでは、夫婦ゲンカになってしまうと思います。母親は、その場ではなく、後でさりげなくフォローしましょう。

ヒナコは中学生なので、前頭葉がかなり育ってきています。中学生になったら、もう子どもとして会話するのではなく、「年の離れた友達」として接するのがいいでしょう。

たとえば、「お父さんは毎日遅くまで大変な仕事をして、この家を支えるためにお金を稼いでくれているよね。社会人として、責任感のある立派な大人だね」と伝えた上で、「お父さんはああ言ってるけど、結構休みも取れる仕事なんだよ。独身の頃は、お母さんとデートだってしてていたし、今も仕事を休んでゴルフへ行くこともあるしね。子どもの前だと思ってちょっと盛り過ぎてたよね〜」などと、ユーモアを交えながら、働くことのポジティブな面も伝えてあげるのがいいと思います。

最近、将来に夢や希望を持っている子どもたちが少なくなっていると感じます。将来の夢を聞くと、「特にない」「考えられない」などと答える子どもたちばかりです。

子どもが夢や希望を語れない世の中になってきているのは、大人の責任だと思います。夢や希望を持ってもらえるように、私たちは知恵を使って言葉がけをしましょう。

Case 18

×

「忙しいから後にして！」

○

「どうしたの？
晩ごはんの後なら時間あるけど」

Episode

おしゃべりが大好きだったのに

エリナ（小5）

おしゃべりが大好きなエリナ。母親もエリナの話を聞くのが大好きです。しかし最近、母親が在宅勤務となり、家で忙しくしていることが増えてしまいました。エリナが話しかけてきても、「忙しいから後にして！」と相手をできないことばかりです。

そうして半年後――。母親が「学校、どうだった？」と声をかけても、「別に」「お母さんには関係ない」とエリナはそっけない態度を取るようになってしまいました。

いつしか2人は会話を交わすことがすっかりなくなってしまいました。

話しかけられたら、いったん手を止める

「忙しいから後にして！」は、親自身に余裕がないときに言ってしまいがちな言葉です。加えて、「後にして」という言葉は「あいまい言葉」なので、どれくらい後に話しかければいいかわかりません。言葉によるコミュニケーションは、子どもの脳を育てるのに必要不可欠なものです。家庭内での会話がなくなってしまうと、よりよい脳は育ちません。

子どもとはいえ、未熟ながらもプライドを持った一人の人間です。ぞんざいに扱い続けると、「自分はダメな人間なんだ」と自信をなくし、エリナのように親との会話を拒否するようになったり、反抗的な態度を取ったりするようになります。

忙しいと切り捨てるのではなく、いったん手を止めて、「どうしたの？」と聞くくらいの余裕は持ちましょう。忙しかったとしても、一瞬たりとも手が止められないような切迫した状況は、家庭ではそうそう起こりえないはずです。

いったん話を聞いて、至急話さなければいけない重要なことの場合には、多少忙し

くてもその場で聞くか、「あと5分だけ待ってね」となるべくすぐに聞けるようにする。いつ聞いてもいいような雑談の場合には、「これからオンラインで会社の会議があって、その準備で忙しいの。晩ごはんの後なら時間あるけど」と答えましょう。

いずれの場合も、「5分後に」「晩ごはんの後に」など、「いつ」話ができるのかを明確に伝えてあげましょう。「もう少ししたら」などのあいまいな伝え方をすると、具体的にいつ話せばいいのかわからないので、子どもは会話をすることを諦めてしまうかもしれません。

これは父親に多いのですが、「子どもの雑談はとりとめがないので聞くのが苦手」と思っている方が一定数います。そんな方にとっての「忙しいから後にして！」は、「会話をするのが面倒くさい」という意味も込められていることが多いです。

家庭生活での会話は、それが親にとってはどんなに「くだらない」と思える内容であっても、子どもの脳を育てるためには必要なことです。会話を拒否したり、上の空で聞き流したりする態度は、子どもの親への信頼を失墜させます。脳育てをするために必要なことだと肝に銘じ、面倒がらずに聞いてあげましょう。

話を聞くのが苦手なら、いったん子どもの好きなモノを受け止めた上で、自分の好きなモノについて話をするのも手です。たとえば、子どもが自分の好きなアイドルグループの話をしてきたら、「へえ、あの子たち、そんなにすごいんだ」と一度は話に乗っかります。その上で、「でもさ、お父さんはマイケル・ジャクソンの方が好きなんだよね。彼のダンスすごいんだよ。見てみない？」などと言って、YouTube動画を一緒に見るのです。

親の世代の文化を知ることも、子どもの脳育てにつながります。

私たちが関わった中には、親に影響されて一緒にエリック・クラプトンのコンサートに行くようになったというお子さんもいました。たかが雑談と思っているかもしれません。しかし、雑談こそがコミュニケーションの基本です。日々の何気ないコミュニケーションこそが、子どもの脳を豊かにしてくれるのです。

幼少期から敬語を使う習慣づけを

ＬＩＮＥなどのメッセージアプリの影響か、短文でのコミュニケーションが当たり前になる中で、敬語の苦手な若者が増えてきていることを感じます。

大学生はもちろん、大人からも、タイトルが入っていなかったり、自身の名前が書かれていなかったりするメールが送られてくることも結構あります。メッセージアプリには、タイトルも署名もいらないからでしょう。

社会に出るまでの間に、軸の通った、一貫した刺激を子どもの脳に与え続けることができるのは家庭だけです。こんな時代だからこそ、家庭でしっかりと敬語や基本的なマナーを知識として脳に入れていきましょう。

たとえば、「学校行事などに親が参加しなければならないときには、子どもが敬語を使ってお願いする」などといったルールを設けてみるのはいかがでしょう。「お母さん、お忙しいところ申し訳ありません。親子面談があるので、候補日時を二、三いただけないでしょうか」というような感じです。

ビジネスシーンでは敬語やマナーは必須です。社会に出てから急に敬語を使えと言われてもなかなか難しいでしょう。これも、子どもの頃からの習慣づけが肝要です。

Case 19

×

「（映画館では）静かにしなさい！」

○

「（周りの人に）申し訳ありません」

Episode

何で静かにしなきゃいけないの？

マサヒロ（小1）

出かけると、走り回ったり、大声を出したり、静かにすることができないマサヒロ。母親はその度に「静かにしなさい！」と注意しています。

この前も、映画の上映中に話し始め、周囲のひんしゅくを買ってしまいました。どうすれば静かにしてくれるのか、母親はずっと悩んでいます。

そんなある日――。「ファミレスにごはんを食べに行こう」とマサヒロを誘った母親。しかし、「『静かにしなさい』ってうるさいからお母さんとは行きたくない！」と断られてしまいます。

マサヒロは母親と一緒に出かけるのが嫌いになってしまいました。

いつでもどこでも「静かにしないとダメ」なわけではない

元気な幼少期の子どもは、大声を出したり、走り回ったりするのが普通です。そもそも、まだ原始的な「からだの脳」（間脳・脳幹）の時期の子どもに論理は入りません。

まずすべきことは、「大声を出すことが周りに迷惑をかける」と知っている大人が、子どもの代わりに周りの方に「ごめんなさい」と謝ることです。これができている大人はほとんどいないと思います。その上で、子どもの「おりこうさんの脳」（大脳新皮質）に、「こういう場所では静かにすべきである」という知識を「ロジカルに」「フルセンテンスで」入れてあげてください。

周りの状況に合わせて行動を選ぶのは前頭葉の働きですが、小学生低学年の前頭葉は未発達です。なぜ静かにしなければならないのかについて、説明する必要があります。たとえば「上映中に話すと映画のセリフが聞こえなくなってしまうから、静かにしようね」などと、しっかり伝えましょう。

その一方で、今の親は、いつでもどこでも「子どもを静かにさせなければならない」と考え過ぎているようにも感じます。

特に気になるのが、電車の中です。電車に乗った途端、子どもにスマホを見せたり、お菓子を渡したりして、静かにさせている親御さんの姿をよく見かけます。

もし、子どもが会話を楽しんで、つい声や手ぶりが大きくなったら、すかさず大人が「うるさくてすみません！」と周りの人に言えばいいだけのことです。多くの乗客は、笑顔で受け止めてくれます。それが子どもの脳を育て、社会性を育みます。

また、親がスマホ、子どもがゲームに夢中になっていて、会話が全くない親子も車内でよく見かけます。せっかくの脳育てのチャンスを無駄にしているのが残念でなりません。電車の中は、親子でコミュニケーションを取る絶好の場所です。車窓からの眺め、次に停車する駅、すれ違っていく電車、さまざまな車内広告……電車内にはコミュニケーションの「種」がたくさんあります。

電車に乗ったら「これは、脳育てのチャンスだ！」と思って、もっと会話を楽しんでみてはいかがでしょうか。

Case 20

×

「おだちんあげるから、買い物に行ってきて」

○

「今晩グラタンを食べたいなら、牛乳買ってきて」

Episode

おだちんちょうだい！

シュンイチ（小３）

今日の晩ごはんはグラタン。牛乳を切らしていたので、「シュンイチ！　おだちんあげるから、買い物に行ってきて」と１０００円札を渡す母親。シュンイチはお釣りをすべてくれるというので大喜びです。母親はお使いを頼むときはいつも、お礼にお金を渡しています。

そんなある日――。晩ごはんの準備をしている母親に、「何か買ってくるものない？」とシュンイチが話しかけてきました。「今日は大丈夫」と答える母親に、「何か買ってくるからさ、おだちんちょうだいよ～。漫画ほしいんだよ～！」とシュンイチは暴れ始めました。

家庭内での子どもの役割に報酬は必要ない

私たちは、子どもが家の仕事をした際、「おだちん」を渡すべきではないと思っています。そもそも、家の仕事を子どもがすることを、「お手伝い」だと考えるべきではないとも思っています。これは、親御さんが毎日ごはんを作ることに報酬が生じないのと同じことです。

「おだちん」を与えると、家の中での仕事を報酬目的でやるようになってしまいます。シュンイチのケースのように、「おだちんがほしいから、手伝いをさせてほしいと頼む」という本末転倒の結果を生むこともあるでしょう。

成長するにつれて、家庭の構成員の一人として家の中で役割を持つことは子どもであっても当然のことです。お使いも、洗濯も、掃除も、子どもに任せるときには「お手伝い」としてではなく、家の「役割分担」として任せるように心がけてください。

たとえば、「晩ごはんはグラタンを作りたいと思ってたんだけど、牛乳がないんだよね。明日にしてもいいんだけど、あなたがもし今晩グラタンを食べたいなら、牛乳買ってきてくれない？」などと、子どもの意思で、その「仕事」をやるかどうかについて選ばせることが大切です。子どもが牛乳を買ってきてくれたら、「ありがとう！これで今夜はグラタンにできるね」と感謝の気持ちを伝えましょう。親が子どもを認めることによって、子どもは家庭の中での役割を自覚し、「自分はこの家になくてはならない存在」だと自己肯定感を高めます。お使いを頼んだときは、レシートとお釣りは必ず持ち帰らせます。シュンイチの母親のように、１０００円札を渡してお釣りを返させずにいると、いつまでたっても経済観念が育ちません。

基本的には、「おだちん」は安易に与えるべきものではありません。

私たちのところに来た親御さんで、風呂掃除をする度にわが子に「おだちん」を与えていたら、シャワーでサササッと流すだけで「１００円ちょうだい！」と要求されるようになったという方もいました。風呂掃除も、みんなが気持ちよくお風呂に入るための「役割分担」です。お金を渡すのではなく、「ありがとう。きれいなお風呂に入れてうれしい」と感謝の気持ちを伝えるだけにしましょう。

お小遣いは「学年×100円＋α」が基本

子どもが、経済観念をどこよりも早く学ぶ場所が家庭です。「ペアレンティング・トレーニング」では、子どもの脳育てには、子どもが社会に出るための経済教育として、各家庭での「お小遣い制」が必須であると考えます。

家庭の経済状況などによって額は異なるでしょうが、小学生なら「学年×100円＋300円（家庭の経済状況で変えてかまいません）」が基本的な考え方です。「ノートや鉛筆など勉強に必要な文房具はお小遣いで買うものには含まれない」など、どこからどこまでがお小遣いで買う物なのかを親子で話し合い、ルールを決めましょう。

最近は、交通機関に乗るときに電子マネーを使うので、お小遣いを電子マネーとしてチャージしてしまう家庭が増えています。しかし、小学校低学年のうちは、現金で管理させるようにしましょう。現金は、実体があるので、目で見て増減がわかります。箱や缶などの中に入れて、その増減を確認させるようにしましょう。

お小遣い制を始めたら、文房具などのルールで決めた特例以外は、すべて子ども自身の持っている金額の範疇《はんちゅう》でやりくりさせるのが基本です。

しかし、ここを徹底できない親御さんをよく見かけます。「ほかのお友達が持っているのに、うちの子だけ持っていないのはかわいそう」などと思い、ゲームや最新のスマホを買い与えてしまうのです。ルールをなし崩しにして物を買い与えていては、基本的な経済観念が身につきません。「収入の範囲内で支出する」と考えて計画的にお金を使う、前頭葉の発達を妨げてしまいます。

中長期的な金銭感覚を育む

エコノミストの勝間和代さんはご自身の著作『一生自由に豊かに生きる！　１００歳時代の勝間式人生戦略ハック１００』（KADOKAWA）の中で、資産運用は短期的な視点だけでなく、中長期的な視点でも運用しなくてはいけないとおっしゃっています。これは、子どもの小遣いでも子育て全般でも共通する考え方だと思います。

たとえば、子どものお小遣いが１０００円だったとします。大好きなアイドルの本が１０００円で売られていたら、子どもは１０００円全額を使って買ってしまうでしょう。しかし勝間さんは、資産運用の観点からすると、自分の持っているお金の20％以上を、一気に使ってしまうのは危険なことであり、予定外の出費に備えるために、自分の持っているお金の20％以上は一度に使うべきではない。このように、子どもの頃から中長期的な金銭感覚を持つべきだとおっしゃっています。

さらに勝間さんは、所持金の5％の金額の物は20回買えるけれど、所持金の20％の金額の物なら5回しか買えないことも理解して、買い物をするべきとも主張しています。

中長期的に見れば、1000円の物がほしいときは、「月に20％（200円）ずつ貯金をして、5カ月後に1000円がたまってから買う」方が、予定外の出費などで「子ども銀行」の財政が破綻しないためにも、賢い選択だと思います。買いたい物とその値段によっては、中長期的な視点を持つことも必要でしょう。

子どもがお小遣いで自分の買いたい物をやりくりしていくのは、人生の中で初めての経済活動です。小学生でも、億万長者でも、自分のお金を使って物やサービスを買うという行為の基本原理は一緒です。親はしっかりと子どもにお金の知識を授けましょう。

さらに言うなら、子どもの脳育ても短期的な視点で見てはいけません。今ではなく成人後の姿を見据えて、大人は子どもに語るための言葉を考えていきましょう。

第5章

子どもの「脳」をダメにする言葉

Case 21

×

「いつまでLINEなんかやっているんだ！」

○

「誰とLINEしてるの？」

Episode

友達とのLINEが楽しい

マユ（中1）

家に帰ってきてから、暇があればLINEをしているマユ。夕食の後、みんなでテレビを見るのが家族のルーティンなのですが、そのときも頻繁にLINEをするようになりました。

それを快く思っていないのが父親。マユがスマホを触り始めると、「いつまでLINEなんかやっているんだ！」と必ずやめさせます。

最近、夕食の後にマユは自分の部屋にこもるようになってしまいました。部屋にこもって、友達とLINEをしています。いつしか、家族揃ってテレビを見る時間はなくなってしまいました。

興味はなくても存在価値だけは認める

「いつまでLINEなんかやっているんだ！」――この「なんか」は、子どもの価値観を「くだらないもの」として否定する言葉です。

このような親のコミュニケーションは、「お前はダメな人間だ」というメッセージを伝えているのと一緒で、脳育ての観点からはNGです。こうして否定され、不安が高まると、マユのように自分の部屋にこもりがちになり、親子団らんの時間が失われることにもつながる場合があります。

これからも新しいデジタルメディアはどんどん登場するでしょう。そして、その評価は目まぐるしく変わります。「新しいものは、よくわからないもの」と受け取られやすく、警戒されがちです。マユの父親は、自分の慣れ親しんできたものとは異なる「新しいもの」に接したため、頭ごなしに否定から入ってしまったのでしょう。大切なのは、親自身が「自分は新しい文化を評価できるほど確かな目を持っているわけではない」と、しっかり自覚することです。

ＬＩＮＥは、今や多くの人にとって欠かせないメッセージアプリです。使い方さえ誤らなければ、私たちの生活をより便利に、快適にしてくれるものです。「ＬＩＮＥなんか」と見下して切り捨てるのではなく、「誰とＬＩＮＥしてるの？」と聞いてみましょう。「学校の友達だよ」などといった答えが返ってくるはずです。こうした何気ない一言が、親子のコミュニケーションの糸口になります。

10歳くらいまでは親がスマホを管理する

タブレットやスマホなどのデジタルデバイスは、今や子どもたちの生活と切り離せないものになっています。知識や情報を手軽に収集する手段として、子どもたちにとって理想的な学習ツールであることは事実。「与えない」という選択をするのは、今の時代にそぐわないでしょう。

とはいえ、前頭葉が未発達の子どもにとって、「もっと見たい！」という欲求を自制するのは難しいことです。10歳くらいになるまでの間は、親が使用時間やアプリへのアクセスを制限して、管理する必要があります。

前頭葉がしっかり育つと、たとえば、「いつまでもスマホで漫画を読んでいたいけれど、明日も学校があるから、これくらいでやめよう」と判断をし、スマホを消して寝ることができるようになります。中学生くらいを目標に、自律的な脳を育てていきましょう。

最初の段階では、親が使用時間を決めて、時間になったらスマホを預かるようにします。前頭葉が育ってきたら、次は子どもと話し合って、使用時間を決めさせて自身で管理をさせることにしましょう。たとえば、「20時以降はスマホを見ない」と子どもが決めたとします。スマホは「魔法の玉手箱」のようなものですから、魅力にあらがえず、20時以降も見てしまうことがあるでしょう。このような場合は、「今20時半になったけど、今度はどう作戦を考える?」とだけ声をかけ、子どもが自律的に使えるようになるまで見守っていきましょう。

子どもが自分から「目につくところにあると触ってしまって全然勉強が進まないし、お母さん、預かってくれる?」と言ってきたら、自律性が芽生えたサインです。「どうやったらスマホを見なくなるか」について前頭葉を使って考え、親に預けることを選んだということです。

これは同時に、「自己肯定感」の高まりを示すサインともいえます。

自己肯定感は、他者との関係性の中で育まれていくものです。それはまさに、子どもが親を信頼する、親が子どもを信頼する、という関係性の中でつくられていきます。つまり、子どもが「お母さんが僕のことを信頼して任せてくれているのだから、スマホの管理は自分でしっかりやらないと！」と思うことも、自律性と自己肯定感の表れといえるわけです。

「うちの子は10歳を過ぎているのに、スマホを自分で全くコントロールできない」と心配になる親御さんがいるかもしれません。ここで、わが子がいつまでも自己管理できないからと焦って、「スマホを取り上げる」のは、親に対する不信感を増長させるだけなので禁物です。子どもから自律性を引き出せるように「対話」を試みてください。少しでも成長が見られたらすかさず、「認める」言葉をかけましょう。

スマホとの適切な距離感は、大人でも保つのが難しいほどのものです。失敗を重ねながら、子どもが自分で管理できるようになることを信じて見守っていきましょう。

Case 22

✕

「『ぶっ殺す』なんて汚い言葉、
使うんじゃありません！」

○

「そっかあ、
○○くんぶっ殺すんだ〜」

Episode

ケンカして頭にきた！

アキラ（小6）

友達とケンカをして帰ってきたアキラ。「○○、ぶっ殺す！」と怒っています。そんなアキラに、「『ぶっ殺す』なんて汚い言葉、使うんじゃありません！」と注意する母親。今までも道理が通らないことを言ったときには、厳しく注意をするようにしてきました。

そうして1年後――。コンビニの前に、不良少年たちがたむろしています。その中に、中1になったアキラの姿がありました。「うちの親、真面目なことばかり言って超うぜえんだよな」とアキラ。周りの仲間たちも「うちの親も！」と言い、盛り上がっています。

正論ばかりぶつけると非行に走る

子どもが「ぶっ殺す！」などと穏やかではない言葉を吐いたら、本当に殺す気がないとわかっていても、たいていの親は戸惑ってしまうでしょう。

子どもが感情的な言葉を吐くのは、不安に思っているサインです。そのようなときの親子のコミュニケーションは、「オウム返し」が基本です。

「そっかあ、〇〇くんぶっ殺すんだ〜」と何食わぬ顔で返してみましょう。きっと、そう返された子どもは焦って、「何言ってんだよ！　ほんとに殺すわけないだろ！」などと否定するでしょう。そうしたら、「一枚上手」のすました顔で「なんだあ、殺すんじゃなかったんだ。お母さん安心したけどさ、一体何があったわけ？」と聞いてみましょう。そこから親子のコミュニケーションが始まります。

アキラの家庭のように、正論ばかりを言っていると、子どもの脳は不安でいっぱいになり、いつかストレスに耐えられなくなってしまいます。最終的に、非行に走ってしまうケースは決して少なくありません。子どもが混乱して不安を感じているときは、正論を言うのではなく、脳育てのチャンスと考えましょう。

「ぶっ殺す！」「死ね！」「バカじゃねえの？」などのキツい言葉を子どもに吐かれると、感情的に耐えられなくなる親御さんもいらっしゃいます。私たちのもとに来た親御さんに、このようなケースがありました。

ケンカをして子どもに「死ね」と言われ、感情的になり、「私はいらないのね。じゃあ、お母さん、出ていくから！」と返してしまったのです。

いくらキツい言葉を投げかけられたとしても、親が「出ていくから！」と言うのは、子どもに対する「脅迫」にほかなりません。経済的に自立する前段階である子どもは、親に育ててもらうことでしか生きていくすべがありません。親が「出ていきたい」などと言うと、感情の行き場をなくし、追い詰められてしまいます。

子どもの暴言に耐えられなくなったときは、「じゃあ、もう寝るね。おやすみ」などとだけ言って、いったんその場を離れるようにしましょう。そして、配偶者に「こんなことがあった」と話を聞いてもらいましょう。私たちのような「第三者」に相談を持ちかけるのもいいと思います。

Case 23

×

「大きな皿を持ってきて」

○

「食器棚の一番下にある、一番大きな皿を持ってきて」

Episode

お母さんを手伝いたいけど……

ヨシノ（小2）

最近、ごはんの支度を手伝ってくれるようになったヨシノ。「大きな皿を持ってきて」と母親に言われ、皿を持っていきますが、「それじゃなくて、もっと大きなのを持ってきて」と言われてしまいました。

「もっと大きなの？」と食器棚の前で考え込んでしまうヨシノ。母親は待ちきれず、自分で皿を用意してしまいました。それからも毎日ヨシノは、「軽く混ぜて」「ちょっとだけお塩入れて」などと言われて手伝うのですが、いつも間違えてばかり。すっかり自信をなくして、手伝いをやめてしまいました。

「大きい」のイメージは人それぞれ

「大きな皿を持ってきて」と言われても、ヨシノが思っている「大きい」と、母親の思っている「大きい」は違います。これは人によってイメージの異なる「あいまい言葉」です。「軽く（混ぜて）」「ちょっとだけ（塩を入れて）」といった言葉も同様です。前頭葉が未成熟な小2のヨシノには、臨機応変に判断することはできません。

料理など、家での仕事を一緒にするときには、親は子どもにできるだけ具体的な言葉を使うようにしましょう。たとえば、「食器棚の一番下にある、一番大きな皿を持ってきて」と伝えれば、間違えることなく、皿を持ってこられるはずです。同様に、「軽く（混ぜて）」は「ボウルの中の液体をお箸で10回（混ぜて）」、「ちょっとだけ（塩を入れて）」は「このスプーンに半分の量（の塩を入れて）」などと言い換えてみるといいでしょう。

また、皿のイメージが共有できたとしても、使いたい皿が子どもの手の届かない場所にあると、子どもに「自分は上手にできないんだ」と感じさせ、自信を削いでしまいます。子どもが家の仕事をするようになったら、子どもでも取りだしやすいよう食器棚周りの整理をしましょう。

たとえば、食器棚にある食器は仕切りなどをして、「お父さん」「お母さん」「子ども」とわかるようにラベルをつけるようにしましょう。そうすることで、「お父さんの食器をテーブルに並べて」と言われたときに間違えずに並べることができます。親のちょっとした工夫で、子どもは家の仕事に自信を持って取り組むことができます。

家の仕事ができるようになっていくことは、子どもが「自律的」になっていくということです。それは、親が子どもに抱えている「心配」を手放し、「信頼」に変えていく過程にほかなりません。

料理で脳を鍛える

料理は、その作業のすべてが子どもの脳の成長に役立ちます。まず、「からだの脳」（間脳・脳幹）で食欲を感じて、「おりこうさんの脳」（大脳新皮質）で献立を調べたり、材料を揃えたりします。そして材料が揃ったら、「おりこうさんの脳」がつかさどっている手指の細かい動きを使いながら下ごしらえをしていきます。

包丁や火を扱うのには集中力が必要ですし、「お湯を沸かしている間に材料を切る」などの同時進行で作業を行う必要もあります。これらの作業はすべて、前頭葉の働きを活性化させてくれます。

私たちは、子どもが2歳になったら、どんどん料理をさせるべきだと考えています。前頭葉が未発達な小学生くらいまでは多少の失敗もありますが、中学生以降になれば、上手に料理をすることができるようになります。それにもし失敗したとしても、どうすれば次は失敗しないかについて考えることが脳を育てることにつながります。

また、子どもに料理をさせる際、「ニンジンの皮をむいてもらう」などの部分的な作業だけをさせる親御さんが多いように思います。しかし、脳の機能を総合的に発達させるためには、準備から完成までのすべての工程に関わらせる方がよりよいと思います。

前頭葉には、課題を最初から最後までやり遂げることで快感を得ようとする働きもあります。親ができるだけ手を貸さずに、「最後までできた！」という快感を子ども

料理は「お米を炊く」だけでもこんなに多くの工程がある

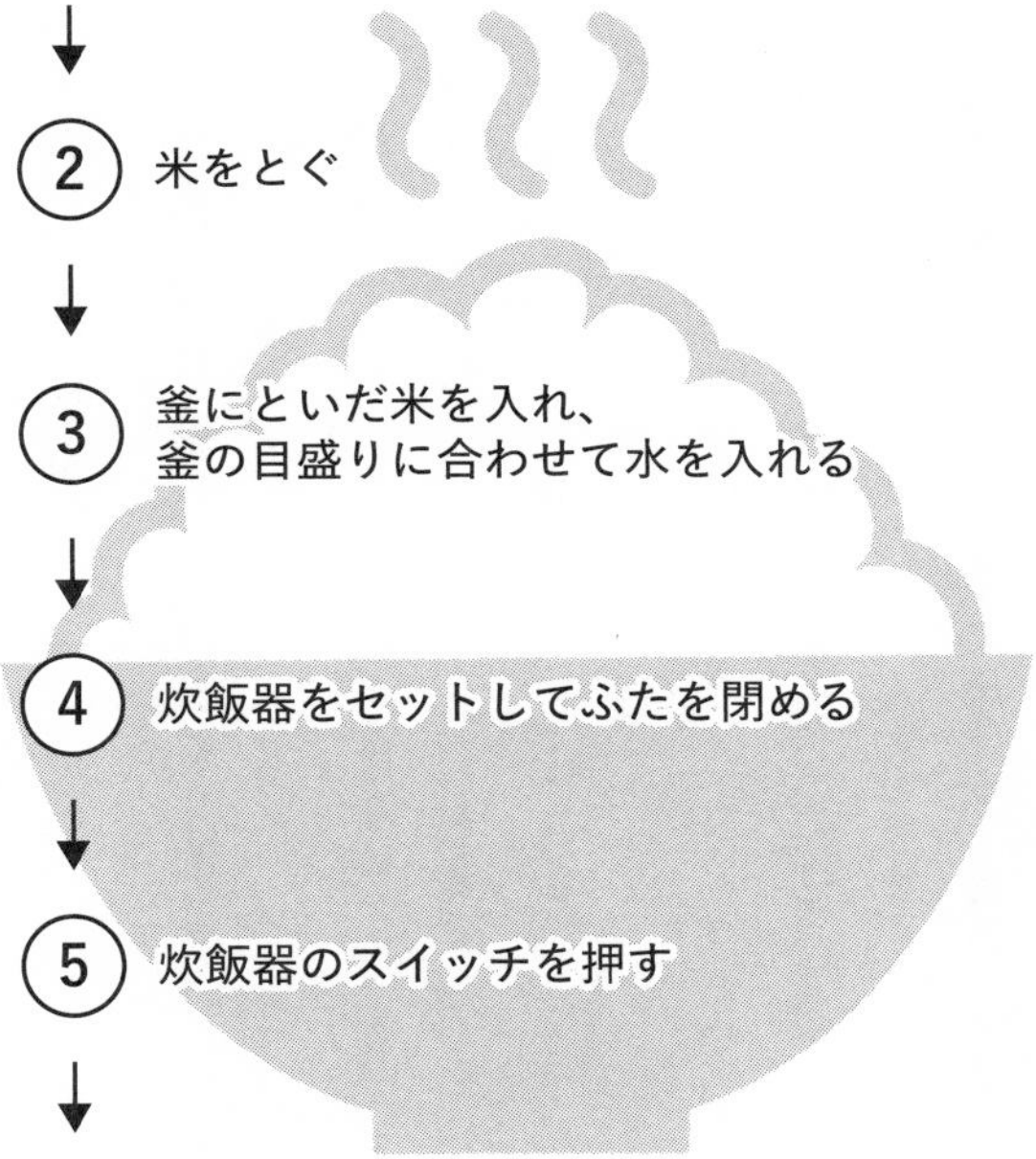

① 米を必要な合数だけ量ってボウルに入れる

↓

② 米をとぐ

↓

③ 釜にといだ米を入れ、
釜の目盛りに合わせて水を入れる

↓

④ 炊飯器をセットしてふたを閉める

↓

⑤ 炊飯器のスイッチを押す

↓

⑥ 炊き上がったら、茶碗によそう

＝

だから脳が育つ！

の前頭葉に多く与えてあげましょう。

子どもに「感謝する姿」を見せる

家庭は、一番小さな単位の「社会」です。子どもは実社会に出る前に、家庭で社会のルールやつき合い方を学んでいきます。

親は子どもに、「目に見えるものだけが社会ではない」ということも教えましょう。特に、「ご近所づき合い」を教えることはとても重要です。それは、子どもが大人になって社会に出てから、他者と円滑にコミュニケーションをするためになくてはならない要素が詰まっているからです。

ご近所さんに道で会ったときに挨拶をしたり、子どもがおやつをいただいたときにはお礼の電話やおすそ分けをしたり、親は常に「感謝する姿」を見せてあげましょう。感謝の気持ちは、相手を気遣う気持ちでもあります。

親ザルの行っている行動を、子ザルの脳があたかもそれを行っているように感じる「ミラーニューロン」の働きは、人間の脳にも発見されています。つまり、子どもの脳がすこやかに育つか否かは、親の振る舞いにかかっているとも言えるのです。

Case 24

×

「（心配する子どもに）もっとしっかりしなさい！」

○

「不安なんだね。何が不安なのか教えて」

Episode

ちゃんとできるか心配

オサム（小3）

明日はサッカーの試合。「ちゃんとできるかな？」とオサムは不安でいっぱいです。心配性なので、肝心なシーンになるといつもプレッシャーに耐えられなくなってしまいます。

もっと堂々と自信を持ってほしいと思っているのが父親。オサムが弱音を吐く度に、「もっとしっかりしなさい！」と励ましています。

そんなある朝――。「めまいがする」とベッドから起きられなくなったオサム。病院に行くと、起立性調節障害と診断されてしまいました。診断を受けてから1カ月たった今も、まだ学校に行けていません。

不安の強い子に「しっかりしなさい」はNG

自身がスポーツなどの部活動を一生懸命やってきた、いわゆる「体育会系」の親御さんほど、「もっとしっかりしなさい！」と言いがちです。自分が頑張ってきたからこそ、子どもにも「あなたにも越えられるはず」と押しつけてしまうのでしょう。

オサムは不安傾向が強く、「お父さんの言うように頑張らなくちゃ」と思ってしまう、典型的な「いい子」です。

起立性調節障害は「いい子」にも多い病気といわれていますが、ある朝、突然起きられなくなるわけではありません。実は、発症する前から徐々に、「気分」「からだの反応」「行動」「考え」にストレス反応が起こり始めています。しかし、脳が未発達な子どもはこのサインに気づきにくく、気づいてもそれを言語化する脳がまだ十分に育っていません。そのため、ある朝、突然起きられなくなるように見えるのです。

オサムのような不安の強い子どもに対して、「もっとしっかりしなさい！」「もっと頑張れ！」などと言うことは絶対にNGです。「不安なんだね」と、まずは子どもの気持ちをそのまま受け取り、何が不安なのかを聞いてあげましょう。

子どもを注意深く観察して、「気分」「からだの反応」「行動」にかなりのストレスが表れていることがわかったら、無理をさせないように休ませてあげましょう。

「体育会系」の親御さんは、「からだが覚えるまで練習するんだ。そうすれば不安は消える！」といったような、「正論の根性論」をよく言うのですが、不安の強い子どもは、「自分にはそんなことできない」とより一層自信をなくしてしまいます。

本当は試合前に緊張したことなどなかったとしても、「お父さんも子どもの頃は、サッカーの試合前は緊張して足が震えちゃってさ。でもさ、頑張って練習したら、自然にからだが動いてくれたよ」などと、「子どもと自分は一緒である」という体験を伝えてあげましょう。一見したところ完璧に見える父親が弱い部分を見せることで、子どもの不安は和らぎます。

「ネガティブ言葉」を「ポジティブ言葉」に変換する

ところで、近年の脳科学研究では、同じことでも「ポジティブに捉えやすい脳」と

「ネガティブに捉えやすい脳」では、前頭葉の反応が異なることがわかってきました。その差異は免疫機能とも関連していて、ネガティブな脳の方がインフルエンザワクチンの免疫がつきにくいという報告もあるほどです。

私たちも、問題を抱えて来られる家族との関わりの中で、ポジティブな考え方を持っている親御さんの方が、トラブル改善の経過が良好であることを実感しています。

子どもも、大人も、物事をポジティブに捉える習慣をつけるために、「おかげさまで」という言葉を口癖にすることをおすすめします。

「おかげさまで」という言葉を日頃から意識的に口にし続けると、だんだん、「〜のおかげでいい結果になった」と考えられるようになってきます。もしトラブルが起こったとしても、「おかげさまで、いいこともあった」「おかげさまで、大事なことに気づくことができた」とポジティブに脳が捉えるようになります。

また、親は、「子どものよいところ」を探す練習もするといいでしょう。子どもを見ていてネガティブな言葉が思い浮かんでしまったら、それをポジティブな言葉に変換します。たとえば、「忍耐力がないなあ」と思ったら「切り替えが早いね」というような具合です。

さらに、同じ言葉でも、「言い方」によって伝わり方がポジティブにもなり、ネガティブにもなります。にっこりとした表情で高いトーンの声で話すのと、暗い表情で低いトーンの声で話すのでは、同じ内容でも全く印象が変わります。ポジティブな伝え方をするには、表情や声のトーン、話す速さを工夫することも大切です。

親が伝え方のバリエーションをたくさん見せていると、子どもも表情が豊かになり、コミュニケーションがうまくなります。

子どもは、大人の言葉や振る舞いをお手本にして育ちます。まずは大人から、ポジティブな振る舞いや言葉遣いを心がけましょう。

また、子どもは不安な気持ちを和らげるために、大人は日々のストレスを解消するために、リラクゼーションのストックを持つこともおすすめします。

特に親は、育児などのストレスがたまりすぎると、それを子どもの前で爆発させてしまうことになりかねません。自分にとってストレス解消になるリラクゼーションは何でしょうか。「友達とランチをする」「映画館で映画を観る」「お風呂に入る」「アロマをたく」「ジョギングをする」……自分の脳が楽しくなる、癒されることは何かについて考えてみましょう。

誰かと一緒にすること、一人でもできること、外ですること、その場でできること、お金がかかること、無料でできることなど、リラクゼーションにもさまざまなバリエーションがあります。状況や気分に合わせて方法を選べるようにストックを持ちましょう。

さらに親は、リラクゼーションの方法を子どもにも伝えることが大切です。子どもが自分自身でストレスに対応できるように育てていきましょう。

ストレスに対処できるよう さまざまなリラクゼーション方法をストックしよう

子どもとも
共有しよう！
✓ 友達とランチをする
✓ 映画を観る
✓ ヨガをする
✓ 読書をする
✓ジョギングをする
✓ お風呂に入る
✓ アロマをたく

Case 25

×

「ボーッとしてる暇があったら、
勉強しなさい！」

○

（30分くらい見守ってから）

「どう？　一緒にゲームでもする？」

Episode

ボーッとしてる暇がない

リク（小４）

塾と英会話教室に通い始めたリク。課題がいっぱいあるはずなのに、家に帰ってきても、何もしないでボーッとしていることがよくあります。母親はそんなリクが心配で、「ボーッとしてる暇があったら、勉強しなさい！」といつも叱ってしまいます。

半年後――。今も塾と英会話教室に通ってはいるのですが、一向に成績がよくなる気配がありません。「お金をかけて、せっかく評判のいいところに行かせているのに。もっと頑張りなさい！」とリクはいつも叱られてばかりいます。

ボーッとしているのは「創造的思考」の最中

子どもが何もしないで「ボーッ」としていると、なぜか不安を感じる親御さんが多いようです。「そんな暇があったら、勉強しなさい！」は、そんなときにかけてしまう言葉です。

子どもがボーッとしている間にも、前頭葉は非常に活発に働いていることが、脳科学的に証明されています。これは「デフォルト・モード・ネットワーク」と呼ばれるもので、今まで蓄積した情報や記憶を前頭葉で交錯させつつ創造的なことを考え出そうとしているのです。

子どもがボーッとしていたら、前頭葉を一生懸命働かせているサイン。特に目安はありませんが、少なくとも30分くらいはそのままにさせてあげましょう。

ボーッとした後に、子どもが「お母さん、あのさ、めっちゃいいこと思いついたんだけど！」などと言葉を発することがあります。まさに「デフォルト・モード・ネットワーク」が機能して、創造的なことを思いついた瞬間です。そういうときは、「なになに？」と話を聞いてあげましょう。

ボーッとさせてもらえないリクは、毎日、一生懸命に頑張っているのに、塾の成績は上がりませんし、英会話も上達する気配がありません。これは、「デフォルト・モード・ネットワーク」を働かせることができないため、前頭葉が育ちにくいからです。

また、塾と英会話教室の課題をこなさなければならないために、慢性的な睡眠不足に陥っている可能性もあります。

「からだの脳」（間脳・脳幹）が十分に育つためには、最低9時間の睡眠が必要です。リクのように、お稽古ばかりをしている子であればあるほど、案外、勉強もスポーツも成績が伸びないというのはよくあるケースです。

脳には勉強以外の刺激が必要

脳を育てるというと、勉強のことだけに目が向きがちですが、前頭葉は、毎日同じ刺激を受けるより、多種多様な刺激を受けた方がよりよく育ちます。

「ボーッとしている暇があったら、勉強しなさい！」と言うよりは、30分くらいその様子を見守ってから、「どう？　一緒にゲームでもする？」と声をかけてみるのはいかがでしょう。

ゲームのいいところは、遊びを通じて子どもの得意、不得意が見えてくるということです。たとえば、トランプの神経衰弱をやらせたら、空間認知能力が高い子どもは親が太刀打ちできないほどの速さでカードを取ることができます。

ゲームで子どもの脳育てをするには、まずは、子どもに「やる気」になってもらわなければなりません。

しかしときどき、「調子に乗せると面倒くさい」と言って、子どもを真剣に叩きのめす親御さんがいます。それでは「もうやりたくない」と、子どもにソッポを向かれてしまうでしょう。

大人である親は、子どもの分が悪過ぎるときには、場合によっては、手加減してあげるくらいの心の余裕を持ってゲームの相手をするのがいいでしょう。

「語彙想起ゲーム」「しりとり」遊びで才能を伸ばす

言語を使った「語彙《ごい》想起ゲーム」や「しりとり」もおすすめです。

「語彙想起ゲーム」とは、たとえば「『ま』のつく言葉」と最初の文字を決めて、1分間にいくつの言葉を思いつけるかを競うものです。決まった文字で始まる言葉を思い出すには、側頭葉にある言語中枢にストックされている語彙から必要な言葉を選んで、前頭葉に運んでくる必要があります。この能力は、適切な言葉を使って文章を構成する「論理思考」をするためにも必要です。このゲームは、医療現場でも認知症の検査のために使われています。

「しりとり」も、前頭葉の刺激になるゲームです。私たちの調査で、8歳の子どもの前頭葉の脳血流量を測定しながらしりとりを行ったところ、自分が答える番になると前頭葉への血流量が上がり、相手の番では下がることがわかりました。脳を効率的に使うには、必要なときは前頭葉を活性化させ、必要ないときは休ませることが大切です。しりとりは、まさにその機能を鍛えることができるゲームだということがわかります。

さまざまな遊びを通じて、学校のモノサシでは測ることのできない才能を見つけてあげましょう。

たくさんの「好き」が人生を豊かにする

ゲームだけではなく、家族で一緒に見るテレビも、使い方によっては子どもの脳を育てることができます。テレビを見ているだけのときには、前頭葉は働いていません。しかし、見た後に「どう思ったか」などを語り合うと、前頭葉は急激に活性化されます。

読書も一緒です。本を読んでいるときには前頭葉は使われていませんが、内容について親子で語り合うことで前頭葉が働き始めます。

子どもと共通の話題を持つために、子どもが好きな本を読んでみることをおすすめします。子ども向けの本は字が大きくて漢字も少ないので、大人ならあっという間に読めてしまいます。しかも、『かいけつゾロリ』『怪談レストラン』など、子どもの世界ではやっている本は大人が読んでも面白いものばかりです。「ちょっと、この本のダジャレ面白くない？」などと、子どもと共通の話題で盛り上がること請け合いです。

親子で一緒に映画や演劇に行ったり、アスレチックへ行ったりして体験を共有するのも脳育てにはいいことです。たとえば、子どもがタブレットでよく魚の映像を見ているなら、水族館へ連れて行って、実際に泳いでいる姿を見せてあげましょう。実際に水の中で泳いでいる三次元の魚を見ると、記憶が立体化されて定着するので、脳が大いに刺激されます。

親は「子どもの可能性を広げたい」という強い思いを持っているからこそ、熱心に勉強をさせたり習い事をさせたりしてしまいます。しかし、子どもの「将来」よりも、子どもが「今」興味を持っていることにもっと目を向けてほしいと思います。

将来の可能性に期待をするあまり、親は子どもの「好き」をすぐ将来の職業に結びつけてしまいがちです。親が自分の勝手な思いで期待を寄せることは、子どもにストレスを与えることにもつながります。

子どもの「好き」は、脳の刺激にもなりますが、純粋に、社会に出てからの癒しになるものです。ダンスをしたり、釣りをしたり、アイドルに夢中になったり……。「好きなモノ」をたくさん持つことは、子どものこれからの人生を豊かにしてくれるでしょう。

将来を選ぶことは、子ども自身にしかできません。親にできることは、これからどれほど厳しいことに直面したとしても、自分を支えてくれるような「好き」の数を増やしてあげることなのではないでしょうか。

子どもの脳を育てる言葉がけ5カ条

① 「子どもの脳を育てる」
ことを念頭に置く

② 大人は子どもより
「一枚上手」の「知恵者」になる

③ 子どもが不安になっているときには
「オウム返し」

④ 中学生以上の子どもには
「年上の友人」のつもりで接する

⑤ 子どもに話せる自分自身の経験
（フィクションでもよい）をストックする

おわりに　子どもは必ず成長、発達する

本書を手に取ってくださり、本当にありがとうございます。

タイトルに「脳をダメにする」とあるので、ドキッとされた親御さんもいらっしゃるかと思います。

しかし、お読みになってわかるように、この本は、私たちが「子育て科学アクシス」でいつも親御さんに伝えている「ペアレンティング・トレーニング」の理論を、「言葉がけ」の観点からまとめたものです。

「ペアレンティング・トレーニング」において最も大切なのは、「脳はいつからでも順番とバランスを考えて育て直せばＯＫ」という考え方。

手遅れなんてことは絶対にありません。

もしも、「子どもの脳をもっとよく育てたい！」と思われたなら、ぜひ、生活習慣

と言葉のかけ方を、本書をヒントにして、しかしあまり無理をせずに、変えられると思うところから変えてみてください。

コツは、「脳は一日にしてならず」です。

生活は毎日繰り返されるものですから、「絶対にこうしなければ！」とあまり思い詰めず、できるところから「だいたい毎日同じように」正しく生活してみましょう。いろいろ努力してみているのに、昨日と今日で子どもの様子は何も変わらない、どころか昨日より悪くなった、などとへこむこともあるかもしれません。しかし、それでも基本を知った上で、「そこそこ」毎日正しい生活を繰り返すことが大事です。

そうして半年、1年たったときに「以前の子ども」と比べてみましょう。驚くほど成長・発達していることが発見できるはずです。なぜなら、子どもは「必ず成長・発達」するものなのですから。

本書を上梓するにあたり、出版社SBクリエイティブ・小倉碧様、株式会社書樂・滝ヶ平真佐子様をはじめとしてたくさんの方にお力添えをいただきました。
また、「子育て科学アクシス」のスタッフ・会員の皆さまにもこの場を借りて深く感謝申し上げます。ありがとうございました。

２０２３年9月吉日

子育て科学アクシス　成田奈緒子・上岡勇二

著者略歴

成田 奈緒子（なりた・なおこ）

小児科医・医学博士・公認心理師。子育て科学アクシス代表・文教大学教育学部教授。1987年神戸大学医学部卒業後、米国セントルイス・ワシントン大学医学部や筑波大学基礎医学系で分子生物学・発生学・解剖学・脳科学の研究を行う。研究者としての活動も続けながら、医療・心理・教育・福祉を融合した新しい子育て理論を展開している。著作に、『改訂新装版　子どもの脳を発達させるペアレンティング・トレーニング　育てにくい子ほどよく伸びる』（共著、合同出版）、『「発達障害」と間違われる子どもたち』（青春出版社）、『高学歴親という病』（講談社）ほか多数。

上岡 勇二（かみおか・ゆうじ）

臨床心理士・公認心理師。子育て科学アクシススタッフ。1999年茨城大学大学院教育学研究科を修了したのち、適応指導教室、児童相談所、病弱特別支援学校院内学級、茨城県発達障害者支援センターで、家族支援に携わる。著作に、『改訂新装版　子どもの脳を発達させるペアレンティング・トレーニング　育てにくい子ほどよく伸びる』（共著、合同出版）、『子どもが幸せになる「正しい睡眠」』（共著、産業編集センター）、『ストレスは集中力を高める』（芽ばえ社）。

「子育て科学アクシス」

2014年に、成田奈緒子と上岡勇二が中心となって立ち上げ。医療、心理、教育、福祉の専門家が集まり、「ペアレンティング・トレーニング」の理論を基にした親支援、家族支援を行っている。いわゆる発達障害、不登校、引きこもりなど、子育てに悩みや不安を抱える親たちや学びたい方々が数多く訪れている。

SB新書　633

その「一《ひと》言《こと》」が子《こ》どもの脳《のう》をダメにする

2023年10月15日　初版第1刷発行
2024年10月23日　初版第12刷発行

著　　者　成田奈緒子《なりたなおこ》・上岡勇二《かみおかゆうじ》
発 行 者　出井貴完
発 行 所　SBクリエイティブ株式会社
〒105-0001　東京都港区虎ノ門2-2-1

装　　幀　杉山健太郎
装　　画　酒井 以
編集協力　滝ヶ平真佐子（株式会社書樂）
取材協力　林 優子
編　　集　小倉 碧（SB クリエイティブ）
本文デザインDTP　株式会社 RUHIA
印刷・製本　中央精版印刷株式会社

本書をお読みになったご意見・ご感想を下記URL、
または左記QRコードよりお寄せください。
https://isbn2.sbcr.jp/22350/

落丁本、乱丁本は小社営業部にてお取り替えいたします。定価はカバーに記載されております。
本書の内容に関するご質問等は、小社学芸書籍編集部まで必ず書面にて
ご連絡いただきますようお願いいたします。

ISBN 978-4-8156-2235-0